L'ESCLAVE DES GALÈRES

OU

MALTE SOUS LES CHEVALIERS.

(2ᵉ Épisode. — 1749.)

PAR A. DE KERMAINGUY,

Auteur de MANNARINO (Iᵉʳ épisode).

TOME PREMIER.

Y ella
(Pensée de Charles III d'Espagne).

PARIS,
HIPPOLYTE SOUVERAIN, ÉDITEUR
de F. Soulié, H. de Balzac, J. Lecomte, A. Brot, L. Gozlan, E. Souvestre
RUE DES BEAUX-ARTS, 5, A L'ENTRESOL.

1841.

L'ESCLAVE DES GALÈRES.

TOME PREMIER.

MANNARINO,

OU MALTE SOUS LES CHEVALIERS.

1er Episode.

2 VOL. IN-8. — PRIX : 15 FR.

SOUS PRESSE :

LE DERNIER GRAND MAITRE,

OU MALTE SOUS LES CHEVALIERS.

3e et dernier Episode.

2 VOL. IN-8. — PRIX : 15 FR.

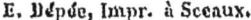

E. Dépée, Impr. à Sceaux.

L'ESCLAVE DES GALÈRES

OU

MALTE SOUS LES CHEVALIERS.

(2ᵉ Épisode. — 1749.)

PAR A. DE KERMAINGUY.

Auteur de MANNARINO (1ᵉʳ épisode).

TOME PREMIER.

Y ella !
(*Pensée de Charles III d'Espagne.*)

PARIS,

HIPPOLYTE SOUVERAIN, ÉDITEUR

de F. Soulié, H. de Balzac, J. Lecomte, A. Brot, L. Gozlan, E. Souvestre.

RUE DES BEAUX-ARTS, 5, A L'ENTRESOL.

1841.

A

MADAME DE LOCMARIA-BOISBAUDRY,

RESPECTUEUX

HOMMAGE DE TENDRE ATTACHEMENT,

SON PETIT-FILS,

𝔄. de 𝔎.

LIVRE PREMIER.

La proportion d'une galère se trouve par l'intervalle compris entre deux bancs. (VITRUVE.)

Les OEuvres du bailli Jean-Antoine Barras de la Penne forment quatre volumes grand in-folio avec plans, cartes, dessins, et des discussions d'un prix inestimable sur la monographie des galères ; car on ne peut compter que pour mémoire les cinq ou six colonnes de l'Encyclopédie à ce sujet, qui renferment autant d'erreurs que de mots.
(HISTOIRE DE LA MARINE FRANÇAISE.)

La galère faicte pour la personne de Piali-Bascha estoit à trente bancs, et portoit trois fanaux, toute dorée, entaillée de croissans, les cordages et le tendal de soye; le tout dressé et estoffé superbement.
(BREF DISCOURS DU SUCCÈS ET DES ASSAUTS DONNÉZ PAR L'ARMÉE TURQUESQUE EN L'ILE ET FORTERESSE DE MALTHE, EN L'AN MIL CINQ CENT SOIXANTE-CINQ.)

I.

Quand on a traversé la cité Valette, capitale de l'île de Malte, et qu'on a pénétré dans le faubourg fortifié qui s'appelle la Florianne ; si l'on en sort par la porte des Bombes, on laisse sur la gauche la petite chapelle dédiée à Notre-Dame-de-Pitié, et désormais en dehors de toutes fortifications, on descend par une pente rocailleuse jusqu'au rivage du port Marsamuschet.

Cet endroit que l'on nomme la Piéta est d'un aspect étrange et ne ressemble à aucun autre de l'île. Quelques maisons entourées de jardins se groupent le long du rivage que vient baigner la dernière sinuosité du port. Mais, là, ce n'est plus qu'un dernier embranchement, ce n'est plus le port, ce n'est déjà plus la mer; on dirait un fleuve entre ses deux rives.

Si ce n'était la verdure qui manque, il y aurait dans la disposition du site quelque chose de celui des eaux douces d'Europe à Constantinople. Au fond du port de la Corne d'Or, par delà la mosquée d'Eïoub, un dernier bras s'allonge et va mourir ainsi resserré entre deux terres.

Mais à la Piéta, ce ne sont sur les bords, ni les kiosques de l'Orient, ni dans l'éloignement, comme à la Corne d'Or, les coupoles et les minarets de la haute mosquée de sultan Soliman. D'un côté, des maisons aux blanches terrasses bâties en pierres et solides comme des forteresses, enfoncent dans le rocher le pied de leurs épaisses murailles ; tandis que de l'autre, c'est le cap Missida, plus au loin l'île du Lazareth avec le fort Manoël; et tout à côté la masse des fortifications de la ville, les glacis et les ouvrages avancés de la Florianne, les bastions de Saint-Joseph et de Saint-Jacques, que l'œil touche et saisit de revers : redoutable menace ou protection. On est sorti de la ville, mais on la sent encore au-dessus de soi avec le regard de ses canons et l'ombre de ses remparts.

Ce qu'il peut y avoir d'oriental, c'est donc le repos de cette mer, qui, là, n'est plus armée en guerre et semble se faire champêtre; c'est l'air qui peut-être, quand vient le soir, est plus doux et libre ; c'est peut-être aussi tout simplement le nom d'une seule de ces maisons : car l'une d'elles était encore, il y a quelques années, désignée par le peuple sous le nom de la maison du Bacha.

Rien ne la distinguait des autres. Un jardin planté d'orangers, comme tous ceux de l'île, l'enveloppait de ses murailles. Ainsi isolée et blanche, ses pierres n'avaient gardé aucune empreinte, mais la tradition qui lui avait laissé ce nom lui avait en même temps conservé quelques souvenirs.

Souvent l'histoire d'un monument devient l'histoire d'un homme. Que de récits alors n'aurait pas à faire chacune des pierres de Malte, et chacune d'elles aurait son récit, s'il fallait dire tout ce qui s'est passé par cette île et par cette ville d'aventureux et d'incroyable, de romanesque et d'extraordinaire ! Que de faits héroïques et triomphants, illustre histoire des chefs qu'aujourd'hui cependant bien peu savent ! Que de périlleuses entreprises et de rencontres lointaines, de forbans vaincus et de renégats ramenés, de prises faites en mer et de diverses fortunes, merveilleuse histoire des plus humbles, à jamais, hélas ! recouverte de l'oubli !

Aucun pays plus que Malte, au temps de ses chevaliers, ne dût offrir un plus libre champ à tout ce qu'il y a d'aventureux dans le cœur et dans l'esprit, dans l'imagination des hommes. Une île soumise à l'inféodation espagnole de Charles-Quint, l'empereur, voisine des Barbaresques et des pirates d'Afrique, ces rudes faiseurs d'esclaves, toujours en contact avec l'Orient, le pays des merveilles; une ville peuplée de toute une élite de la noblesse d'Europe, mélangée de chevaliers aragonais et allemands, de chevaliers castillans et français, de chevaliers italiens, tous venus là pour obéir au vœu d'une perpétuelle guerre, et qui depuis deux siècles avaient jeté leur courage à profusion à travers cette grande alarme de la chrétienté, l'envahissement des Turcs; un peuple où chaque homme naissait soldat, où chaque soldat devenait homme de mer, où chacun suivait les destinées des chefs, illustres corsaires eux-mêmes, mais qui combattaient au cri de Saint-Jean et qui portaient sur leur casaque d'armes la croix blanche des Croisés.

Sans doute, plus d'une fois la ville s'émut de surprise à quelque rencontre inouïe qui s'était faite, à quelque bruit lointain qui lui revenait; sans doute, aux dernières époques de Villiers de l'Ile-Adam, quand les renégats Scandali et Calojan faisaient prendre la ville de Modon aux chevaliers qui la pillaient, quand Cicala y enlevait une jeune Turque d'une rare beauté, qu'ensuite il en naissait un fils; quand plus tard ce fils de Cicala prenait le turban, parvenait au commandement des armées du Grand Seigneur et vengeait les Turcs du sac de Modon : ce dût être une étonnante histoire.

Sans doute aussi quand les chevaliers,

au temps de Nicolas Cotoner, Grand Maître, prenaient un vaisseau turc et trouvaient sur ce vaisseau, outre d'immenses richesses, le fils et la fille du sultan Ibrahim qui s'en allaient d'Alexandrie à Constantinople; tandis que la jeune princesse était renvoyée avec de riches présens ; et quand le prince Osman, d'abord catéchumène à Malte, embrassait le christianisme, se faisait moine de St.-Dominique, vivait heureux dans son couvent, refusait du pape le chapeau de cardinal, et trouvait dans l'île autant d'égards que Pierre d'Aubusson en avait montré jadis dans Rhodes, à Zizim, fils de Mahomet II : sans doute, il y eut alors bien des récits et bien des étonnemens (1).

Mais jamais chevaliers et Maltais ne s'étonnèrent plus et ne s'émûrent davantage, ni avec plus de joie, que d'un fait qu'ils virent en quelque manière s'accomplir sous leurs yeux et dans leur port, pendant le règne du Grand Maître Manuel Pinto, ce vieux Portugais qui vécut si long-temps.

C'était le second jour du mois de mars 1749 ; — il y avait par conséquent huit ans déjà que Pinto avait remplacé au souverain magistère Raymond Despuig, celui qui avait été bailli de Majorque et qui ne régna que cinq ans. Le Grand Maître se faisait déjà vieux, puisqu'il atteignait sa soixante-septième année ; mais au grand désespoir des baillis et commandeurs, qui arrivaient eux-mêmes déjà sur l'âge, Pinto devait encore prolonger bien long-temps sa carrière, tenir vingt-cinq ans la place et parvenir jusqu'à sa quatre-vingt-douzième année : ceci se passait donc durant la jeunesse du règne de Manuel Pinto.

Ce jour là on venait de signaler un navire qui tenait la haute-mer et qui semblait se diriger sur la pointe de Dragut. Comme l'escadre de la Religion ne faisait que de partir pour tenir croisière sur les côtes de Sicile et d'Italie, ce ne pouvait être un vaisseau de l'Ordre. Quelques chevaliers se portèrent sur la plate-forme Saint-Jean, à l'extrême pointe du fort Saint-Elme, et comme le navire n'avait pas déployé de voiles, et cependant marchait toujours, il devint évident pour eux que c'était une galère qui venait à force de rames.

Quand elle fut rendue à une demi-portée de canon, en face de l'éperon de Saint-Elme, elle cessa d'avancer ; et si les rames conservèrent encore quelque mouvement, il ne fut pas douteux que c'était celui seulement qui leur était imprimé par la chiourme pour s'opposer à la dérive et maintenir le navire immobile.

Ainsi vue à quelque éloignement, une galère avec sa forme allongée et basse, et son bord au ras de la mer, sans mâts ni voiles, semblait quelque monstre marin sur l'eau; et les vingt-six immenses rames de trente-cinq pieds de longueur, qui, de chaque côté, s'allongeaient en dehors et se remuaient en même temps, semblaient autant de pattes de quelqu'énorme cétacé.

Aujourd'hui qu'on a oublié jusqu'au mode de construction et de navigation des galères, leur locomotion semble une chose extraordinaire, et l'on a peine à comprendre comment se pouvaient mouvoir de telles masses, qui portaient quelquefois jusqu'à deux cents hommes, non compris trois cent quarante mariniers de rames et galériens.

Mais les chevaliers, qui du haut de la plate-forme examinaient la manœuvre de la galère, étaient experts en pareille matière; et pendant qu'ils se livraient à une infinité de conjectures et de remarques sur son immobilité, leur nombre s'était accru, puis la nouvelle se répandant et une plus grande affluence étant venue, bientôt tous les chevaliers et la foule des gens de la ville se trouvèrent réunis, les uns sur la plate-forme Saint-Jean et sur la courtine attenante de Sainte-Ubaldesque, les autres sur les bastions voisins.

— Je vous dis, continuait un chevalier des premiers venus, parlant à un groupe d'arrivans, je vous dis que ce n'est pas une galère ordinaire! elle a plus de vingt-six rames de chaque côté ; tout-à-l'heure elle se présentait de flanc et j'en ai compté trente!

— Et moi, s'écria en même temps un commandeur, voici que j'en compte trente-deux! regardez à présent qu'elle se présente du côté de la bande de sénestre! trente-deux et j'en suis sûr; n'oubliez pas que le fougon compte pour une! Oui, Monsieur, je ne me trompe pas! ma lunette est aussi bonne que vos yeux !

Tous les chevaliers s'étonnèrent. C'était bien une galère de cent soixante-dix pieds de longueur, et de vingt-six pieds de largeur ; et elle avait effectivement trente-deux rames de chaque côté, nombre qu'on ne dépassait jamais, et que n'atteignaient même que des galères extraordinaires.

— Mais que fait-elle ainsi immobile, disaient les uns?

— Pourquoi n'avance-t-elle pas, demandaient les autres! On ne s'approche pas ainsi du port pour n'y pas entrer ou pour s'en éloigner.

— Peut-être demandait-elle des témoins pour son arrivée et à coup sûr elle est servie à souhait? Voyez donc, Messieurs, quelle foule sur tous les remparts?

Comme si telle eût été la pensée de la galère, et quand elle eût bien vu que toute la ville était là, qui la regardait du haut des murs, tout-à-coup elle s'avança d'un seul trait jusque sous les batteries du fort Ricasoli, qui, à l'opposé du fort Saint-

Elme, défendent de l'autre côté l'entrée du port.

Une immense clameur de tout le peuple salua ce mouvement. L'entrée de cette galère était ainsi devenue un spectacle : mais rendue sous les batteries du fort, elle n'arbora aucune couleur.

Les chevaliers purent alors la contempler, et ce fut avec admiration. Elle était riche, forte et bien espalmée ; et les dimensions de l'œuvre-morte prises sur la couverte et d'un joug à l'autre entre la vogue, l'espale et la conille, étaient si parfaitement observées, le tout ensemble si bien proportionné et lié, qu'il composait un corps capable de résister aux plus grosses tempêtes, soit à l'ancre, soit en pleine mer. En même temps le travail en était fin et recherché, et les ornemens d'une richesse infinie.

— C'est une galère vénitienne! il n'y a que les Vénitiens qui élèvent à cette hauteur la rambade au-dessus de la proue !

— Chevalier, vous ne voyez donc que le château de proue ! mais par saint Jean, regardez à présent la largeur de poupe vers le dragan : et si ce n'est pas une galère espagnole, je veux.....

— Une galère espagnole ? ah! vraiment oui! une espagnole peinte à ces couleurs or et pourpre ! une espagnole avec un éperon de galère de cette taille, un éperon de dix-huit pieds de longueur et qui se termine, sur mon honneur, voyez plutôt quelle recherche, par une tête de licorne dorée! je parierais tous les sequins de Venise contre une piastre d'Espagne, que cette galère est vénitienne !

— Je gage qu'elle est espagnole !

— Je gage qu'elle est vénitienne !

— Messieurs, dit un jeune chevalier qui n'avait pas encore fait sa première caravane, il se pourrait que l'Eglise arrangeât votre différend. Je vous dis, moi, que c'est une galère du pape !

—Et moi, Messieurs, reprit le vieux commandeur qui avait toujours tenu sa lunette devant ses yeux, je vous dis qu'il n'y a jamais eu de différence pour la forme entre les galères d'Italie, de France et d'Espagne. Il n'y a que les Barbaresques, monsieur le chevalier, qui présentent à la poupe, qu'elles ont plus large et plus basse, la différence que vous voyez.

— Oh ! oui, mais il y a une légère différence aussi, reprit avec quelque présomption le jeune chevalier qui ne faisait que sortir de page, c'est qu'il n'y a pas d'écueil que les Barbaresques évitent avec autant de soin que la vue des côtes de Malte, et cette galère que voilà est assez près de nous pour que nous comptions le nombre de ses rameurs.

— Monsieur, répliqua le commandeur, j'ai commandé des vaisseaux de la Religion ; j'ai eu l'honneur de monter des galères de vingt-six bancs de rames et même de trente ; et quoique celle-ci en ait trente-deux et que la mer en ait vu peu souvent de pareille, j'ai quelque droit...

— Attendez ! attendez ! s'écriait-on de tous côtés, on va la héler et si elle ne dit pas de quelle part elle vient, les canons du Ricasoli vont lui faire un salut qui la dégoûtera pour toujours de l'incognito.

En ce moment on entendit en effet, tant le silence qui suivit fut grand, le bruit des porte-voix qui partait de l'autre fort et l'appel qui fut fait.

Alors à l'extrémité des deux mâts qui s'étaient relevés, à l'extrémité de l'arbre de mestre comme à celle de l'autre mât qui était vers la proue, à chaque pointe des deux antennes qui les traversaient, à l'avant et à l'arrière, partout où il y eut place à une bannière, à une pavesade, à un gaillardet, à une flamme ; on vit paraître l'emblême ennemi, détesté dans

Malte, le pavillon rouge qui porte en plein champ le croissant et l'étoile des Mahométans : c'était le pavillon des Turcs, c'était une galère turque.

Certainement l'insolence était inouïe : car si jamais une galère mahométanne approcha si près des remparts de Malte, ce fut si bien accompagnée, que la mer alors portait une flotte et la flotte des milliers d'hommes. Quand, sous Raymond Perellos, on fit à Constantinople un armement dirigé d'abord contre Malte, il était de vingt sultanes, de quarante galères et de plusieurs autres bâtimens de transport ; quand, auparavant, sous Alof de Vignacourt, cinq mille Turcs descendirent dans l'île, soixante galères les avaient amenés ; et quand, sous le Grand Maître La Valette, les mêmes ennemis parurent à la hauteur de Malte pour le fameux siège qu'ils en firent, il y avait sur la mer cent cinquante-neuf vaisseaux à rames, tant galères que galiotes et mahones, qui portaient trente-mille hommes de débarquement, janissaires et spahis, les plus braves soldats de cette nation.

Mais si l'audace aujourd'hui était grande, l'étonnement de toute cette foule qui s'était tenue dans une si longue attente ne fut pas moindre ; et sans doute parmi ceux du fort Ricasoli, tel fut l'effet d'une surprise sans égale que les yeux ne purent croire ce qu'ils voyaient : car pas un des canons ne s'émut, et pas une des batteries n'envoya une volée qui coulât bas le pavillon et la galère maudite.

Mais il n'y eut là non plus que l'intervalle d'une minute ; car aussitôt qu'apparus, flammes, bannières et gaillardets qui portaient le Croissant, se montrent déchirés au haut des mâts, renversés sur l'espale, traînés dans la mer : et la galère arborant à la place l'étendard rouge, mais à la croix blanche, l'étendard et les couleurs de Saint-Jean, ainsi pavoisée comme une victorieuse, salua la ville et les forts de son canon de coursier, de ses quatre autres canons de rambade et de ses douze pierriers, puis déployant toutes ses voiles et passant vogue, elle doubla les forteresses et elle entra dans le port.

II.

Pendant que toute la foule faisait place aux chevaliers qui descendaient vers la mer et se ruait à leur suite, un jeune homme vêtu de la cape d'esclave se rapprochait, sur la plate-forme que les chevaliers venaient de quitter, d'une femme enveloppée de la faldetta maltaise et qui restait encore immobile à cette place où, malgré le le respect que commandait la présence des membres de l'Ordre, elle s'était tenue pendant qu'ils y étaient demeurés eux-mêmes.

— Vous ici, dit-il en s'arrêtant devant elle, vous si près des chevaliers, Zurbara la Morisque! Mais ce devait être ainsi, car partout où doit passer le chevalier que vous aimez, et je sais lequel à présent, on est bien sûr de trouver sous ses pas la Zurbara qui le regarde.

A cette voix la femme tressaillit visiblement. Mais la mantille noire qui lui couvrait la tête, les épaules et la taille, empêcha de voir son visage.

— Vous ici, Démétrius! répondit-elle, vous à la place que viennent de quitter les chevaliers! Oh! ce devait être ainsi, Démétrius l'esclave! car partout où vient de passer un rayon de soleil une tache d'ombre le remplace.

— Toujours des mots amers, Zurbara! écoutez-moi, il faut que tout ceci finisse; il faut que je puisse vous parler ailleurs qu'ici, ailleurs que dans les rues de cette ville où vous m'échappez toujours, il faut que je vous rencontre ce soir.

— Aussi bien, dit-elle et alors avec insouciance, je serai aise de vous parler. Je suis lasse de vos reproches et je ne crains pas votre rencontre. Oh! non, sachez le bien! et si vous voulez me trouver ce soir, ce soir vous me trouverez.

— Où donc, demanda l'esclave?

— Aux Barraques italiennes, répondit-elle, quand la lune se levera.

Et elle disparut au milieu de cette foule qui s'empressait toujours et qui courait vers la porte de Marine ; car depuis le fameux galion que le Grand Maître Alof de Vignacourt fit construire à Amsterdam et qui coûta soixante mille écus d'or (2), jamais une aussi magnifique galère que celle-ci n'était entrée dans le port de Malte.

Or vingt jours auparavant Mustapha, Bacha de Rhodes, qui avait déjà ramené le prétendant au trône de Perse, quittait encore son île, et cette fois sa galère allait quérir à Magra de Natolie, Osman, le Grand Visir déposé.

La nuit était venue : une de ces nuits fortunées de l'Orient où le firmament d'un

bleu sombre étincelle de milliers d'étoiles;
où la mer à chaque coup des rames qui s'y
plongent se sillonne de lueurs phospho-
rescentes. Dans le ciel, dans l'air et sur les
flots il y avait un calme profond, et toute
cette mer de l'Archipel semblait s'endormir,
comme au temps des voluptés antiques,
dans un bonheur ineffable.

Sur la galère tout se taisait. On n'entendait que le bruit des rames froissées contre
le bord, et le sifflement de poitrine des galériens, lorsqu'appuyant le pied droit sur le
banc de pédague, ils s'élevaient au-dessus
de l'autre banc où ils étaient enchaînés, poussaient la rame vers la poupe et la retirant
avec effort en arrière, se rejetaient à la renverse sur la banquette où chaque fois ils retombaient les bras toujours tendus. Mais
au-dessus de ce bruit de chaînes, de rames

et de poitrines haletantes, éternel sur une galère en course comme le cri des damnés en enfer, rien ne dominait. Pendant le jour c'eût été l'autre bruit, celui des cris, celui des coups, celui des commandemens : mais à cette heure de la nuit et pour le repos du Bacha et sur cette mer ainsi tranquille, la partie haute de cette partie basse, l'accompagnement obligé de ce râle de douleur avait cessé. Le come qui était chargé de la chiourme de la galère et les dix compagnons sous ses ordres qui étaient la garde des forçats s'étaient endormis; le comite lui-même se tenait toujours sur la timonière mais semblait assoupi; et le sous-comite de mizenin debout à l'arbre de mestre pour recevoir les ordres et les transmettre, cédant aux langueurs de cette nuit orientale et n'entendant plus le sifflet du commandement, laissait tomber son front sous le poids des somnolentes influences.

Mais à la poupe et dans l'espace réservé qui sur chaque galère était séparé de l'espale, un homme veillait encore. Au-dessus de lui s'étendait un tendelet qui n'était pas de cordillat rouge comme celui des simples galères ou même des patrones, mais de damas cramoisi frangé d'or, car la galère était capitane. Des houppes de soie retombaient de chaque dentelure jusque sur l'appui de la luisante balustrade en argent massif qui entourait ce poste aussi respecté qu'un sanctuaire.

Mustapha, Bacha de Rhodes, Bacha de Métélin, Bacha de Caramanie, Mustapha, trois fois Bacha, assis sur des tapis de Smyrne et des coussins de brocart, achevait de fumer, à travers un bec d'ambre et le long d'une tige de jasmin, le précieux tabac qui se recueille à Latakié. Agenouillé à plusieurs pas de lui, quelqu'enfant esclave remuait dans le fourneau de la longue pipe les cendres éteintes ; tandis que d'une cassolette d'or s'échappaient encore en légers flocons les dernières senteurs de l'aloès.

Mustapha regardait quelquefois le ciel étoilé, quelquefois la mer scintillante, quelquefois les rames de la galère, de longues rames enduites d'un vernis-blanc, recouvertes d'arabesques d'or et qui, toutes en mesure et d'un seul mouvement, s'abattaient sur l'eau : mais ni les étoiles du ciel, ni le calme des eaux, ni la souffrance des hommes, n'émouvaient en lui aucunes tristesses de l'âme. Peut-être pensait-il à Osman, le Grand Visir déposé, peut-être au prétendant de Perse qu'il avait ramené, peut-être à son frère le séraskier qui était dans une si haute faveur auprès du sultan, qui occupait une des premières charges du sérail et dont la fortune était la sienne; peut-être aussi, en véritable Turc, ne pensait-il à rien, et allait-il s'endormir, quand tout-à-coup la galère s'arrêtant, un cri convenu retentit, un cri formidable et bien connu des Turcs, celui que poussaient les chevaliers de Malte devant l'ennemi : Saint-Jean! vive Saint-Jean !

A ce cri, tous les esclaves au nombre de cent quarante-un, et qui à l'avance avaient pu limer leurs chaînes, jettent les rames et se lèvent. C'étaient, la plupart, des Maltais pris avec la galère magistrale la Saint-Gabriel que l'on avait perdue si malheureusement quelques années auparavant, du temps de Raymond Despuig. Quarante-six rameurs grecs se joignent à eux; ils se distribuent à l'instant près de tous les endroits par lesquels on communique aux œuvres basses de la galère (3), et ils en ferment les passages; ils attaquent les Turcs qui, saisis à l'improviste, se défendent cependant avec courage, et qui tuent ou blessent dix de leurs agresseurs. Mais les esclaves en font rude besogne, ils massacrent les uns, jettent les autres à la mer et demeurent enfin les maîtres de la galère avec vingt prisonniers turcs, parmi lesquels Mustapha, le Bacha de Rhodes.

Puis ils font voile vers Malte. Ce fut cette galère ainsi capturée par eux qui arriva en vue de l'île le second jour de mars 1749, et dont l'entrée causa tant d'émotions dans la ville.

On peut juger de l'accueil qui leur fut fait.

LIVRE II.

Anthoine Ferrera, mathématicien syracusain, se trouva là, qui, par le moyen de la hauteur du soleil, prit exactement l'heure et le moment qui fut à dix-sept heures de l'horologe d'Italie, et quarante-deux minutes avant midy, lorsque sous l'élévation du pôle les vingt degrez montoient sur l'orizon oriental, et environ quarante minutes du signe du cancre; et jugea ce poinct et cet instant très-fauste et très-heureux.

BAUDOYN, *Histoire des chevaliers de Sainct-Iean de Hiérusalem.* Liv. XIX, ch. IX.

I.

Le soir du même jour la lune se levait derrière les hauteurs du Corradin, et les derniers bruits de la ville qui s'endormait n'arrivaient plus que par intervalles jusqu'à ce point le plus élevé de la cité où se trouvent d'anciennes constructions inachevées qu'on nomme les Barraques italiennes.

Plus simplement et dans le langage du pays, ce lieu lui-même qui était le poste de combat de la langue d'Italie, s'est appelé la Barraca. Quelle devait être la destination du monument commencé, et quel obstacle vint arrêter la main du fondateur? On ne le sait plus, mais ce qui fut élevé témoigne de la grandeur de l'entreprise, et de solides arcades en pierre qui se joignent les unes aux autres comme les arceaux d'un cloître, mais plus élevées et béantes et qui suivent, sur le revers du roc solide, les contours du mont Scéberras, offrent un magnifique promenoir où les pas retentissent sur les dalles du pavé de lave, et où l'ombre des massifs piliers remplace, durant les chaleurs du jour, celle des arbres qui manquent à cette sommité de l'île.

La lune se levait : tout le flanc du Corradin demeurait couvert d'ombre, tandis qu'une brillante traînée de lumière s'étendait sur les eaux, depuis le pied du mont jusqu'à l'entrée du port. De l'autre côté, la cité Vittoriosa et la cité Sangléa, ces deux anciens et nobles quartiers de la ville, premières fondations des chevaliers dans l'île, avançaient sur les eaux leurs deux promontoires, sombres masses au-dessus desquelles se détachaient dans le ciel les forteresses et les églises qui les dominent, le château Saint-Angelo et le fort Saint-Michel, les églises de Saint-Philippe et de San-Lorenzo. Du même côté cinq rades, qui forment autant de ports dans le grand port lui-même, enfonçaient dans les terres leurs dentelures profondes; et plus au loin, la cité Burmola, ce vieux quartier qui garde la cathédrale de l'évêque de

Malte, se perdait dans les brumes de la nuit.

Car du point élevé que couronnent les Barraques italiennes et à la lumière du jour, le grand port animé de ses vaisseaux, les péninsules qui le partagent, les fortifications qui le défendent, les rades, toutes les presqu'îles voisines et la mer qui se découvrent, présentent un incomparable coup-d'œil. Mais alors et depuis long-temps déjà, les heures de nuit étaient venues; et le port avec ses cinq hâvres, la ville avec ses neuf quartiers (4), la mer avec ses promontoires ne se dessinaient plus qu'en vagues contours aux limites confuses de l'horizon.

A peine de l'autre côté, entendait-on le cri des sentinelles de garde placées devant le palais que le général des galères habitait au pied du château Saint-Angelo dans la Vittoriosa ; et de la cité Valette elle-même, sur le mont Scéberras dont elle couvre le double versant, de toutes ces rues qui montent sur les deux flancs du promontoire et de celles qui en parcourent la longueur, aucun bruit ne s'élevait plus. Les blanches maisons heureuses de ne plus sentir les mordantes ardeurs du soleil semblaient s'endormir aux fraîcheurs de la nuit. Au-dessus de leurs terrasses tranquilles, si quelques édifices se détachaient comme des caps sombres dans le ciel, c'étaient l'arsenal de la Religion ou peut-être l'hôpital Saint-Jean, quelqu'auberge des sept langues, l'église prieurale ou le palais du Grand Maître.

Tout se taisait; et ceinte de ses remparts que ceint de trois côtés la mer, la ville commençait à s'assoupir comme le ciel et comme l'onde dans un paisible sommeil.

Cependant à la Barraca (5), sous ces arcades où le ridicule orgueil des insulaires britanniques, ces maîtres d'hier, n'avait pas encore pris toute place vide pour s'y élever des tombeaux anglais; sous ces portiques qui ne gardaient non plus aucun souvenir des fêtes que le Grand Prieur de Vendôme y donna, quand du temps de Raymond Perellos il vint étonner Malte de ses magnificences, un homme veillait encore.

Il était debout, appuyé contre un pilier, la tête inclinée et les bras croisés sur la poitrine. Il était jeune, il avait la cape d'esclave, des sandales et les pieds nus. A le voir immobile ainsi depuis le temps qu'il se tenait là, on aurait pu le croire endormi ; mais qui eût mis la main sur son cœur eût compris à l'émotion intérieure la cause de cet affaissement ; car s'il est vrai de dire que la vie de l'homme se compose de minutes et d'heures, ne peut-on penser aussi qu'elle a pour mesure un certain nombre de battemens de cœur, et que plus le mouvement s'en précipite, plus aussi le temps à vivre qu'emporte chaque pulsation se consume et se hâte vers la fin ?

Depuis le temps que l'esclave Démétrius gardait cette immobilité, il avait dépensé toute une année d'existence; il éprouvait l'horrible tourment de l'attente avec ses périodes d'espoir qui montent vers l'heure désirée, avec le trouble infini qui la voit venir, avec le décroissement des espérances qui meurent une fois la limite passée, et la poignante douleur d'un regret irrévocable. — D'abord une joie silencieuse, une sorte de solennité intérieure devant le bonheur qui va venir; au-dessus de ce calme, mille voix s'élèvent qui chantent vers le moment prochain, mille brillantes étincelles de ce feu contenu qui couve pétillent et montent vers les régions élevées. Alors les yeux s'obscurcissent, la tête se perd, le cœur bat, les oreilles tintent, les voix, qui tout-à-l'heure chantaient, deviennent confuses et forment à présent un bruissement inouï; les étincelles se joignent et deviennent une flamme, la flamme un incendie; une seule note résonne au milieu du bruit intérieur, haute et distincte comme celle de la cloche précipitée qui tinte, comme le bruit hâté du marteau sur l'enclume. L'heure approche, l'heure ar-

rive. Il y a vers elle des élévations et des
abaissemens ; après avoir pris leur vol
pour l'atteindre, les ailes se ferment et
refusent. Cap qu'il faut doubler, zénith
qu'il faut atteindre ! on sent déjà qu'il
faudra revenir et décroître. Voici les instincts et les divinations, voici le doute pré-
curseur, puis la crainte qui se formule,
puis la certitude de ce qui va manquer. Le
bruit de l'ame devient silence, et ne frappe
plus qu'à coups plus lents ; l'incendie de
tout-à-l'heure ne jette plus que des bouffées
de flamme ; le cœur ne jette plus à la tête
ses battemens que par intervalles. Les mains
sont défaillantes, une sueur froide couvre
le front. On écoute en soi quelque
chose que l'on n'entend plus. L'heure
passe, c'est l'espérance qui meurt. Voici
que les hauteurs vers lesquelles on aspirait
se sont tout-à-coup aplanies ; la pente du

revers est rapide et subite. Alors on se sent descendre vers des précipices obscurs. A peine si par intervalles on s'arrête pour voir encore luire quelque clarté. Tout est nuit; tout est deuil, tout est larmes et mort.

Une main de femme toucha légèrement Démétrius au bras.

— Je craignais de vous faire attendre, dit la femme, vos impatiences sont si grandes! mais je vois que le sommeil vous avait déjà gagné, et ce n'était pas la peine de courir ainsi que je l'ai fait depuis l'Albergo de Castille où j'étais, jusqu'à la Barraca où vous voilà!

L'esclave avait soudainement relevé la tête. — Ses bras qu'il avait tenus croisés sur sa poitrine retombèrent à ses côtés : peut-être lui-même sans l'appui du pilier auquel il était adossé n'eût-il pu se soutenir. La femme qu'il avait tant attendue, et puis désespéré de voir venir, était maintenant là devant lui. Mais après la gradation de souffrances qu'il venait de parcourir, il se trouvait comme brisé, sans force et sans voix devant cette certitude perdue qui lui revenait.

Cette femme était bien celle à qui Démétrius avait parlé durant la journée même, sur le bastion du fort Saint-Elme, au moment où les chevaliers quittaient cette place pour descendre vers le port. Il était venu en cet endroit pour une explication dont il présageait facilement la conclusion, et cependant il en était arrivé à désirer la présence de cette femme à mesure qu'elle tardait, comme il eût fait pour un rendez-vous d'amour. En ce moment le sentiment des choses lui revint réel et positif, mais soit qu'il fût encore sous le poids de la stupeur, soit qu'il redoutât de prononcer aussitôt un seul mot qui rompît le charme de cette présence, ce fut avec effort qu'il répondit aux paroles que lui avait dites la femme :

— Il n'y a pas loin de l'Albergo de Castille jusqu'à la Barraca ! Vous dansiez donc ce soir, Zurbara, à l'Albergo de Castille ?

Zurbara la Morisque, Zurbara la belle danseuse, tant applaudie chaque soir aux carrefours de la ville, sur la place des Chevaliers et même quelquefois dans les auberges des Langues, avait rejeté sur ses épaules la faldetta qui lui couvrait la tête. Le vêtement de soie n'enveloppait plus que la taille et les épaules ; mais à travers ses plis noirs s'échappaient vers la poitrine quelques folles dentelles, et autour du front de la jeune fille reluisaient des sequins percés à jour, et retenus en couronne par un fil de métal.

Aux rayons de la lune qui tombaient d'aplomb sur ce jeune visage, les cheveux noirs de la Morisque, tressés en nattes qui s'en allaient se perdant dans la mantille, laissaient ressortir la brune pâleur des contours et la pureté des lignes de sa charmante figure. Elle était bien de cette race des Mores, qui, chassée d'Espagne, s'était conservée la plus belle parmi les peuplades arabes de l'Afrique.

— Oh! oui, je dansais ce soir à l'Albergo de Castille! mais l'éclat des bougies de leur fête ne m'empêchait pas, vous le voyez, de songer que la lune se levait sur la Barraca. Si j'ai tardé à venir, ce n'est pas le plaisir que je trouvais là-bas qui me retenait, croyez-le bien ! Non, non, je suis triste ce soir ; les applaudissemens n'y ont rien fait ! Je dansais, mais je n'avais pas de joie au cœur.

— Vous n'aviez pas de joie au cœur, Zurbara ! et cependant vous étiez là parmi des chevaliers ! c'est donc alors qu'un seul manquait parmi ceux de Castille ?. Est-ce que le chevalier d'Aléria n'était pas de leur fête ?

La Morisque, durant les mots qui s'étaient échangés, avaient cueilli entre les pierres du mur une branche de marubier noir, dont elle effeuillait la fleur. Ses yeux, jusque-là distraits, avaient suivi le mouvement de sa main, mais au nom du chevalier qui fut dit, elle releva vivement le regard qu'une flamme traversa. S'il eût été jour on eût sans doute vu la Zurbara rougir sous sa peau brune.

— Si Démétrius l'esclave, répondit-elle, était venu chanter, ainsi qu'on le demandait, à la fin du banquet ; il saurait aussi bien que moi quels chevaliers étaient là-bas où bien n'y étaient pas.

— Oui, oui, je suis esclave ! oui, oui, je suis chanteur, répondit l'autre en éclatant, et voilà ce qui fait mon malheur ? Si j'étais un chevalier avec une croix d'or, une épée et de belles dentelles, vous m'aimeriez peut-être, Zurbara ! mais j'étais votre fiancé et je vous aime, moi, et parce que je n'ai qu'une cape d'esclave, vous ne voulez pas de moi! il vous faut à présent de beaux habits et de beaux seigneurs, et vous croyez que ceux-là vous aimeront! Écoutez-moi, car je vous ai observée, je vous ai épiée, j'ai suivi vos pas, j'ai suivi vos regards, j'ai vu aussi, moi, parmi ces chevaliers, quel est celui que vous aimez tant. — Je vous ai dit son nom. — Oh! celui-là je le connaissais déjà, et croyez-le bien, je me souvenais de lui pour son malheur!

La Morisque releva encore cette fois les yeux, mais ce fut avec une expression de surprise.

— Ainsi donc vous ne répondez rien! Ainsi vous aimez ce chevalier?

— J'aime le chevalier d'Aléria, c'est vrai! répondit Zurbara, je l'aime, et bien loin de le nier, je suis venue moi-même ici pour vous le dire. Ni vos plaintes, ni vos reproches ne me feront changer. J'étais votre fiancée, mais je ne suis pas votre épouse. J'aime le chevalier d'Aléria. — Comprenez-vous à présent ?

— Oh! oui! je vous comprends, et voilà ce que je voulais savoir! c'est-à-dire, n'est-ce pas, que vous ne voulez plus être ma fiancée, et que vous ne serez jamais mon épouse!

— Pourquoi tant de colère? répondit-elle, n'étais-je pas libre encore? Est-ce mal agir que de faire dire à ma bouche ce qu'il y a dans mon cœur, et me faites-vous un crime de ne pas vous tromper ?

— Zurbara! Zurbara! je vous ai bien aimée, mais à présent je vous déteste et je vous maudis! Tout-à-l'heure j'étais si malheureux,—vous m'avez dit, vous, que je dormais! — j'étais si malheureux que je pensais à quelque moyen de mourir, à la mer qui est en bas, au poignard que j'ai ici. Mais à présent je vous remercie d'être venue, car je vivrai et je me vengerai. Je tuerai votre chevalier, m'entendez-vous, je le tuerai tout neveu qu'il soit du Grand Maître, je tuerais plutôt le Grand Maître lui-même!

La Morisque qui savait ce qu'étaient dans Malte le Grand Maître et les chevaliers, et quels étaient le respect et l'autorité de leurs personnes, se détourna épouvantée; ses yeux parcoururent l'enceinte déserte de la Barraca où de pareilles menaces n'auraient dû jamais tomber. Elle aurait voulu fuir, mais la terreur qu'elle ressentit devant un tel blasphème parut la retenir immobile à la même place.

— Oh! l'exécrable pays que celui-ci, continuait Démétrius, un pays de maîtres et d'esclaves? Esclave, tu as de l'amour dans l'ame, eh bien! tu ne seras pas aimé! Esclave, tu as de la tristesse dans le cœur, eh bien! tu viendras dans nos fêtes et tu chanteras pour nous divertir! Esclave, tu es peut-être né pour toutes les délices, mais tu es un Persan, nos galères sont en mer et lorsque des animaux n'y pourraient suffire, tu dois ramer pour notre service! Leurs galères! leurs galères! j'y ai vécu; je suis resté attaché à mon banc par la pluie et par le soleil, le jour et la nuit! j'y ai mangé, j'y ai dormi, j'y devais mourir. J'ai connu d'épouvantables souffrances. J'ai été frappé de coups! — Écoutez-moi, Zurbara, dit-il en revenant vers la femme, écoutez-moi, car en ceci j'ai haine sur haine, et quand vous entendrez parler de moi, vous direz vous-même que j'ai bien fait. Un jour d'atroce supplice, la Magistrale était en course, nous ramions depuis quatorze heures, on allait abandonner la chasse à cause de l'épuisement des esclaves, nos doigts ne pouvaient plus s'arrondir autour du manche de la rame, nos muscles ne frémissaient plus sous les menaces du come et de ses aides. Oh! quels cris et quelles imprécations sur le pont d'une galère en course! — Je les entends toujours dans mon sommeil. — Nous étions enfin tout près de la galère ennemie et la nôtre se ralentissait : Un chevalier s'élance sur la vogue et commande que les coups obtiennent des rameurs tout ce que la force animale est capable de donner. — Entendez-vous, Zurbara! la galère ennemie fut prise, et celui qui commandait dans ce moment sur la Magistrale, c'était votre chevalier d'aujourd'hui, c'était Hector d'Aléria!

Qui eût vu la pâleur de Démétrius, qui eût entendu la manière dont il prononça ce nom, eût compris tout ce qu'il y avait de rage dans son cœur!

Cependant qu'on n'accuse pas les chevaliers, mais le mode de navigation d'alors! et s'il est vrai qu'aucune condition ne pouvait être comparée pour l'horrible misère à celle de l'esclave de galère, que l'on pense aussi à l'ardeur de la poursuite, à l'excitation de la gloire et du butin, sans oublier que les galériens, soit qu'ils fussent des criminels envoyés à Malte en cadeau par les princes d'Europe, soit qu'ils fussent comme Démétrius des captifs mahométans, étaient regardés par la société d'alors, comme de vils animaux indignes du ciel et de la terre : et l'on pourra se figurer tout ce que les chevaliers se croyaient en droit d'exiger d'eux.

Zurbara ne répondit rien, peut-être émue de pitié devant cette souffrance, peut-être encore interdite devant cette colère : mais bientôt redevenue insouciante et libre, elle dit à Démétrius :

— Aujourd'hui vous n'êtes plus sur les galères, aujourd'hui vous êtes esclave par la ville, interprète pour les langues de l'Orient et chanteur aussi quand vous voulez chanter. Vous êtes jeune, la vie est longue et votre cœur peut refleurir : Démétrius, je souhaite que vous soyez heureux !

— Aujourd'hui je suis un malheureux dont on brise le cœur ! mais prenez garde à vous, Zurbara, à vous et à celui que vou aimez ! le parfum des plantes que l'on foule aux pieds est quelquefois amer et mortel.

— Démétrius, dit-elle, je vous rends votre parole et je reprends la mienne.

Et brisant la branche de marubier qu'elle avait gardée entre ses mains, elle en jeta par terre les deux morceaux séparés et s'échappant d'un seul bond, elle disparut aussitôt derrière les dernières arcades.

L'esclave resta seul. C'était malheur de voir tant de désespoir sur son pâle visage que paraient toutes les grâces de la première et forte jeunesse. Il resta long-temps dans l'attitude indécise d'un homme qui cherche sous sa main une arme, une menace, une vengeance qui lui manque : enfin il se baissa, il releva la branche rompue de marubier et tout aussitôt la broyant entre ses doigts il la rejeta loin de lui ; puis il marcha à grands pas le long des dalles de la Barraca. Mais tout-à-coup, au détour d'un pilier, apercevant un homme qu'il n'avait pas encore vu, il se porta la main dans le sein avec le mouvement de celui qui saisit son poignard.

II.

L'inconnu qui semblait d'un grand âge était assis sur le parapet au-dessous d'une arche béante : d'un côté le précipice, de l'autre le Barraca. Il avait les jambes croisées à la façon des Orientaux, son costume était étrange mais sans caractère précis, il regardait les astres et semblait enseveli dans une méditation profonde. Avait-il entendu toutes les paroles de Démétrius, avait-il vu son mouvement, se tenait-il en garde contre lui? Voilà ce que se demandait l'esclave en interrogeant cette immobilité, enfin il s'avança sur l'homme; mais aussitôt il s'arrêta comme frappé de respect, et saluant du plus profond salut oriental en touchant la terre de sa main droite et se la portant ensuite au cœur, puis à la tête, il s'inclina devant le vieillard.

Au bruit qu'il fit celui-ci se retourna.

— Mon fils, dit-il, qui que tu sois, tu es le bien-venu! Les constellations sont heureuses et les divers aspects favorables.

— Mon père, répondit Démétrius, qui

avait reconnu le fameux Cyrano de Tripoli redouté dans toute l'île et bien au-delà, et que le Grand Maître lui-même, disait-on, consultait ; mon père, je ne suis qu'un esclave et jamais je n'aurais osé aller jusqu'à vous dans l'île de Goze où vous habitez ; mais puisque les constellations favorables m'amènent devant vos yeux, dites, oh ! dites-le moi, les astres donnent-ils quelque moyen pour la vengeance ?

— La colère bouillonne dans ton cœur, enfant, et le Sagittaire monte dans le firmament. Le ciel n'enseigne aucun moyen aux mortels. Mais celui qui peut lire dans le grand livre des sept planètes et qui sait interpréter sur le Zodiaque les signes qu'y tracent en le coupant les douzes maisons célestes, celui-là peut dire aux hommes quel sera le succès des projets dont leur faible nature s'occupe.

— Eh! bien, dit l'esclave, le succès, quel sera le succès du projet auquel je voue mon existence?

— Approche donc, afin que je voie d'abord combien d'années tu comptes depuis l'heure de ta naissance!

— Mon âge? je ne le sais pas, mon père! Ceux qui ont connu leur mère peuvent savoir leur âge, et moi, si loin que je reporte mes souvenirs, je me retrouve esclave et seul. — Mais je suis jeune, mon père, car je me sentais hier le cœur tout plein d'amour; je suis jeune, car j'avais hier encore des aspirations vers un bonheur ineffable; je suis jeune, car aujourd'hui, voyez-vous, je me sens transir et brûler devant les dévorantes lueurs de ce mot qu'on appelle vengeance.

— Qu'importe à moi les calculs des mères et la mémoire des enfans, interrompit le Sage en le regardant. Ne vois-je pas que les Gémeaux, les Balances et la Vierge t'ont donné la beauté par excellence? Ne sais-je pas lire au front des hommes? Les planètes et les constellations, je te le dis, se sont trouvées à l'orient à l'heure de ta naissance: tu éprouveras donc leur influence au commencement de la vie... le moment semble prochain, car tu as déjà dépassé la troisième septénaire.

Regarde là-bas dans le ciel, reprit-il, ces trois signes de même nature qui se rencontrent et qui sont ainsi séparés l'un de l'autre par trois constellations! Cet aspect est bon et favorable, au lieu que ceux qui se trouvent aux régions opposées du ciel sont méchans et nuisibles. Regarde, ce sont les astres qui président à ta destinée! Tout auprès, vois-tu Mars qui augmente l'influence des constellations avec lesquelles il se trouve et qui leur ajoute de la valeur? C'est lui qui t'a donné de la fierté et du courage.

— L'avenir? l'avenir prochain? murmura l'esclave.

— A côté de tes planètes, regarde là-haut ce qui domine! c'est le signe envié que nous appelons la porte inférieure, c'est la maison des richesses et de la fortune. Bientôt, oui bientôt, car à côté de lui, voici le Soleil ascendant qui donne les faveurs des grands et qui a sur les influences presqu'autant de pouvoir que Jupiter; demain même, écoute-moi bien, tu seras riche et considéré...

— Pas de richesses, mon père! ce n'est

pas la fortune qu'il me faut, c'est la vengeance, entendez-vous ?

— Mon fils, mon fils, invoque les astres favorables ! ne vois-tu pas tous les aspects qui changent ! loin de toi, Saturne qui donne des peines, des travaux, de la misère, Saturne triste, morose et froid, qui augmente les mauvaises influences et qui gâte les bonnes. O constellations pour toujours immortelles sur vos trônes d'or, ô célestes maisons des planètes, soyez-nous heureuses ! et le vieillard levait les mains au ciel. — Regarde à présent ! là-bas encore et du même côté ! Voici toujours dans tes horoscopes les deux signes qui sont les maisons chéries de Vénus... Mon fils, il y a autour de toi un grand amour qui demande le tien.

— Les astres sont menteurs, mon père, elle ne m'aime pas, elle en aime un autre.

— Silence! regarde, écoute et respecte! ah! le Bélier!... le voici qui entre en conjonction avec tes astres; le Bélier qui est l'angle oriental et que nous appelons la maison de vie! Enfant, mais quelle tache y vois-je donc? Oh! Dieu, dois-tu donc périr si jeune et périr de mort violente!...

— Mais avant de mourir, mon père, avant de mourir, serais-je vengé?

— Si tu veux prendre le Phénix, la patience sera le filet qui la saisira; mais l'oiseau se changera en dromadaire infatigable, si tu veux atteindre d'un seul bond le Sagittaire dans le firmament.

Devant cette énigme, Démétrius baissa la

tête, mais il se souvint et à côté de sa vengeance il plaça dans son cœur le mot patience.

Cependant à la nouvelle de la prise qui venait d'entrer dans la port de Malte, le sacré conseil de l'Ordre s'était assemblé le soir même (6); et les baillis conventuels et capitulaires, les Grand'Croix présens à Malte et les deux plus anciens chevaliers de chaque langue qui s'étaient joints à ceux-ci, pour former ainsi le conseil complet, délibéraient en présence du Grand Maître et se demandaient entr'eux ce qu'ils allaient faire du Bacha de Rhodes qui tombait entre leurs mains.

Déjà, ce n'était plus à cette époque, à Malte, ni la même persistance qu'autrefois dans le vœu de guerre incessante aux Infidèles, ni le même acharnement sans relâche qui se voyait au temps de Jean Parisot de La Valette, quand ce Grand Maître, au sortir d'un siége meurtrier et redoutant de nouveaux préparatifs de guerre, faisait brûler dans les arsenaux de Constantinople la flotte entière des Turcs.

Le système d'alliance européenne qui place les petits états sous l'influence des grands royaumes commençait à se faire pressentir; et, à mesure que la puissance de Louis XIV l'emportait sur celle de la Maison d'Autriche, Malte qui avait obéi aux influences espagnoles, tant que se fit sentir l'impulsion transmise à Philippe II par son glorieux père, cédant à ses naturelles sympathies, car les chevaliers français composaient à eux seuls trois des sept langues, était graduellement rentrée dans les orbites de la France.

D'un autre côté, dans la succession des Grands Maîtres qui gouvernèrent l'Ordre, c'était presque toujours un chevalier de quelqu'une des trois langues de France qui se trouvait porté au magistère; à ce point, que la jalousie des langues rivales n'avait trouvé d'autre motif à donner, ne voulant pas avouer le véritable, si ce n'est que ce triomphe apparent était lui-même une combinaison de la politique espagnole qui voulait, en plaçant au-dessus des chevaliers ces perpétuels ennemis du Croissant, le nom d'un Grand Maître français, compromettre la France elle-même vis-à-vis des Turcs. Mais il était arrivé que l'influence de l'Espagne si puissante à Malte dans le temps du magistère de Jean d'Omédès, et bien que les deux prédécesseurs de Manuel Pinto eussent été des langues de Castille et d'Aragon, s'était peu à peu effacée depuis que le petit-fils d'un successeur de François Ier était allé au commencement du siècle s'asseoir à Madrid sur le trône de Charles-Quint.

Plus d'une fois la France qui, la première de toutes les puissances chrétiennes, donna sous François Ier l'exemple d'une alliance avec les Turcs, était intervenue entre les menaces faites par Constantinople à Malte et les défis lancés par Malte à Constantinople. Car partout les Ottomans rencontraient les chevaliers de Saint-Jean devant leurs pas, seuls sur la mer pour les surprendre, rassemblés sur les forteresses de leur île pour les attendre, réunis à tous leurs ennemis pour les combattre : A Lépanthe où trente mille Turcs perdent la vie, où vingt mille esclaves chrétiens recouvrent la liberté, où cent cinquante galères sont prises aux infidèles ou coulées bas, les chevaliers s'y trouvent et se signalent; ils se trouvent à Lango, cette île autrefois si chère aux chevaliers de Rhodes, maintenant ravagée par leurs successeurs; à Corinthe qui est prise et pillée par les galères de la Religion ; en mille autres endroits ; et à la bataille de Foggia, jusqu'à l'entrée des Dardanelles ; et à la conquête de Tenedos ; et à la prise de Coron qui se souvient encore de Salviati le Grand Prieur, de Rome, et qui cette fois vit le général des galères de l'Ordre périr durant l'attaque; et aussi à la guerre de Candie si glorieuse dans sa longue résistance et dont on peut dire qu'elle fut la guerre de Malte. Il semblait que tous les commandans des galères de la Religion, suivant l'idée que les Infidèles avaient eue d'Aurélio Botigella; le Grand Prieur de Pise, eûssent à leurs ordres le même démon familier qui les avertissait, eux aussi, de la sortie des galères turques, dès qu'elles se montraient hors du port.

Cependant, chaque vaisseau pris sur mer au cri de Saint-Jean amoncelait sur Malte un nouvel orage que le sceptre des Rois Très Chrétiens conjura souvent ; et depuis Gabriel d'Aramon, ambassadeur de Henri II, qui obtint après la perte de Tripoli, la liberté du maréchal de l'Ordre fait prisonnier et celle des plus anciens chevaliers, plus d'une fois d'autres ambassadeurs de France intervinrent, qui épargnèrent à la Religion de Saint-Jean de sanglantes attaques, mais les chevaliers faisaient ferme et ne les craignaient pas. N'avaient-ils pas fait leurs preuves sous le Grand Maître Parisot de La Valette, durant ce siége mémorable et cette héroïque défense qui se prolongea pendant quatre mois, illustre comme celle de Rhodes et qui manqua de finir comme elle? Sous Jean de la Cassière, quand ils font de nouveaux apprêts pour résister au sultan Sélim II, qui menaçait, lui aussi, de porter sur l'île l'effort de ses armes ; et plus tard, sous Lascaris Castellard, quand ils se préparent à une attaque qu'Ibrahim, le Grand Seigneur d'alors, se décide à tourner contre Candie; et bientôt encore, Raymond Perellos étant alors Grand Maître, quand ils accourent de tous les points de l'Europe, et que plus de quinze cents chevaliers se trouvent réunis dans l'île, prêts à repousser les armemens du Turc : n'ont-ils pas alors et chaque fois donné la mesure de leur résolution?

Cependant, par suite des inévitables influences du grand royaume de France qui entretenait avec la Porte d'amicales relations, et avec lequel l'Ordre avait d'ailleurs tant de liens communs, il était arrivé que les véritables ennemis de la Religion de Saint-Jean, ceux que l'on poursuivait sans relâche, n'étaient pas tant les Turcs eux-mêmes, que les Barbaresques et les Mores d'Afrique. De telle sorte même, que vingt années avant la délibération qui occupait aujourd'hui le sacré conseil, le marquis de Bonac, ambassadeur de France à Constantinople, exprimait à l'Ordre que le véritable but de son institution ne pouvait être de faire la guerre aux Infidèles qui avaient des alliances avec les puissances chrétiennes, et proposait même qu'un traité fut conclu avec la sublime Porte, fondé sur l'échange réciproque des esclaves (7). Diverses circonstances avaient empêché de pousser plus loin la négociation ; mais cependant pour témoigner sa déférence à la cour de France, Malte n'envoyait plus dans les mers du Levant ses escadres qui, dans ces derniers temps, allaient plus volontiers en croisière vers les côtes d'Alger, de Tunis et de Tripoli.

Le Bacha de Rhodes était un des plus grands seigneurs de l'empire Ottoman ; il avait un de ses frères dans la plus haute faveur auprès du sultan, et occupant une des premières charges de l'Etat. Dans la crainte donc de déplaire au cabinet de Versailles, en retenant comme esclave un personnage de cette importance et toujours par suite des mêmes égards, le conseil résolut de faire présent au roi de France de son illustre prisonnier, et le Grand Maître au nom de l'Ordre en écrivit à sa Majesté Très

Chrétienne qui ne pouvait qu'être flattée de cette démarche et de cette déférence.

En attendant la réponse du cabinet de Versailles, le Bacha fut aussitôt remis entre les mains du bailli de Bocage, qui était à cette époque ministre de France à Malte. Il fut décidé qu'il serait logé dans une maison entourée de jardins qui était à la Piéta, — c'était celle qu'on devait nommer depuis la maison du Bacha; — et qu'il y serait servi par ses propres domestiques. On poussa même les égards et la générosité jusqu'à lui assigner un traitement proportionné à son état, et qui fut fixé par les seigneurs du conseil à cinq mille écus par mois.

Le lendemain de ce jour, l'esclave Démétrius traversait la ville tout préoccupé des événemens de la nuit précédente et des prédictions qui lui avaient été faites, quand un des officiers du camérier major de Son Altesse Eminentissime le Grand-Maître, lui signifia qu'il avait été désigné pour être mis à la disposition du Bacha, et que dès ce moment il était attaché à la personne du Turc en qualité d'interprète ou drogman.

Démétrius était esclave. Il avait été rameur sur les galères de l'Ordre ; il en était sorti par quelque transition de circonstances faciles à comprendre, et il y pouvait rentrer. Une sorte de supériorité répandue sur sa personne, en même temps que l'habileté de son esprit, l'avaient mis au nombre de quelques esclaves de luxe assez libres par la ville et privilégiés entre tous les autres. On le nommait Démétrius l'esclave, Démétrius le Persan, Démétrius le chanteur, parce qu'il était né, disait-on, dans la Perse, parce qu'il chantait agréablement et que sa voix était fort belle. Il avait en outre un don qui est répandu dans l'île, à ce point qu'on pourrait croire la ville de Malte bâtie sur l'emplacement de la tour de Babel, celui de parler diverses langues : celles de l'Orient dont Malte est toute voisine, et les langues d'Europe qu'y parlaient les chevaliers. Voilà pour les dehors ; mais ce qui ne se manifestait pas, c'était une volonté active et persévérante, c'étaient les tourmens de son cœur et l'horrible amertume que l'esclavage y avait mise avant même que la vengeance n'y fût venue prendre sa place.

Rien ne devait donc le surprendre dans le choix qui avait été fait de lui pour interprète et drogman du Bacha, mais cependant, à cette nouvelle, il s'arrêta rempli d'un trouble indéfinissable. L'astrologue n'avait-il pas dit que le lendemain même il serait riche et considéré? En ce moment aussi il entrevit devant ses yeux une perspective dont l'éblouissante clarté, quand il fut seul, ne lui permit de l'envisager que par intervalles, avant d'en pouvoir saisir l'étendue.—Quand il serait auprès du Bacha, il allait avoir au dedans toute influence sur sa personne, au dehors toute l'autorité de son nom. Les esclaves turcs étaient nombreux à Malte. — N'y avait-il pas eu, seize années auparavant, un esclave du nom d'Hali, qui ayant été racheté de captivité, de retour dans sa patrie, conçut le projet de s'emparer de Malte?

L'entreprise qui manqua cette fois, autrement conduite, ne pourrait-elle pas réussir? Hali voulut exciter une révolte des esclaves, mais Hali était hors de l'île, il lui manquait au dedans un levier pour soulever les esprits. — Lui, Démétrius, était dans Malte, il y connaissait toute chose, et son levier maintenant ne pouvait-il pas être la présence et le nom du Bacha?

Cependant il était sorti de la ville par la porte de la Florianne et il errait dans la campagne. Le sol, qui est le rocher nu et auquel les murs à ras de terre qui environnent et cachent toute culture semblent s'unir, offre partout un aspect d'uniforme aridité et de stérilité morne. Le soleil tombait d'aplomb sur cette pierre déjà calcinée de ses rayons, et à cette heure du jour où tout était désert, à peine çà et là quelques buissons de cactus épineux élevant leurs feuilles bizarres à travers les fissures du roc, projetaient-ils quelques pouces d'ombre autour d'eux. Démétrius allait, allait toujours; l'excitation de l'âme avait besoin de l'action du corps; enfin il s'arrêta.

— Non, dit-il, il ne me faudra pour le succès ni les dix vaisseaux de guerre qu'Hali demanda au Grand Visir, ni le secours que lui donna Abdi-Capitan. Le temps de Manuel Pinto verra ce qui ne put s'accomplir sous le règne de celui de leurs Grands Maîtres qu'ils appellent Manoël de Vilhena. Les esclaves entreront tous dans la conspiration; le moment opportun sera choisi; Malte sera surprise et les chevaliers aussi! Les chevaliers! oh! quelles hécatombes nous en ferons! Ma vengeance sera-t-elle entière? je tuerai cet homme, ce d'Aléria, de ma propre main... Autant de coups de poignards à lui maintenant, autant de coups que le come de la galère m'en sut appliquer un jour avec le fouet et à son commandement !... Pas un que moi n'y touchera : je le tuerai devant cette Zurbara qui l'aime! et puis quand Malte sera une ville turque; quand j'aurai fait, à force d'habileté et de patience, ce que n'ont pu faire ni Dragut ni tant d'autres avec leurs armes, je serai peut-être aussi moi, Démétrius Bey, ou Démétrius Bacha; et si la Zurbara vient à m'aimer, car j'aurai des cafetans brodés et peut-être même un turban avec le chélik : alors je lui montrerai quelque belle femme que moi aussi j'aimerai à mon tour, et je la ferai battre, elle, par la ville, battre et chasser de l'île comme une maîtresse de chevaliers ! — Zurbara, oh! non, non! Oh! je le sens, je ne puis aimer qu'elle ! je lui dirai et avec tant d'amour qu'elle me croira, je lui dirai que c'est pour elle que j'ai conspiré, pour elle que j'ai tué jusqu'au dernier des chevaliers, et détruit leur pouvoir, pour elle que j'ai voulu être à leur place et sur leurs ruines, être Démétrius Bey, ou Démétrius Bacha!...

— Esclave, lui cria une voix qui s'éleva derrière un de ces monceaux de pierres d'où sortent les buissons de cactus, méfietoi des influences du Bélier qui est l'angle oriental et que nous appelons la maison de vie ! Esclave, tu périras sur une galère !

LIVRE III.

Item les révérends seigneurs Seize, tous d'un mutuel accord et consentement, ont ordonné que nulle femme ou fille libertine ne pourra demeurer dans cette ville Valette aux principales rues dittes de Saint-Jacques, de Saint-Georges, et de Saint-Jean, non plus qu'aux deux petites rues scituées, l'une, tirant vers la grande porte de l'église conventuelle jusques au-dessous du palais, et l'autre sous la chancellerie; ny pareillement aux rues transversières qui commencent à la frontière de la ville jusques à celle par où l'on passe entre la maison du feu commandeur de Montréal, et l'église de *Porto Salvo*; n'y pourront demeurer, aucunes courtisannes, quand mesme elles y auroient des maisons qui leur appartiendroient en propre.

(*Les Ordonnances du Chapitre général tenu en l'année 1631, par l'éminentissime et révérentissime grand-maistre feu Antoine de Paule.*)

I.

Zurbara n'était pas une maîtresse de chevalier. Zurbara la Morisque, la pauvre danseuse, fut long-temps une joyeuse et chaste fille. Sans doute quand elle dansait le soir au mail de la Florianne, aux alentours de la place des Chevaliers, ou devant l'Albergo de Castille, quand le peuple s'attroupait et faisait foule autour d'elle et lui criait ses evviva! Quand les palais des commandeurs ouvraient même leurs balcons pour la regarder et que les plus jeunes chevaliers en traversant la ville s'arrêtaient pour la suivre de l'œil; sans doute parmi les applaudissemens qu'elle entendait, il se glissa plus d'une fois des paroles dites à voix basse; et, parmi les pièces de monnaie qui tombaient à ses pieds, plus d'un écu maltais vint s'y joindre, dont l'intention n'était pas toujours d'aussi bon aloi que le titre des monnaies du Grand Maître.

Mais la Morisque n'y prenait garde. Les pauvres filles du peuple ont une vertu à elles, qui ne s'effarouche ni des paroles ni des regards, toujours vivante au grand air, mais qui tient à quelque secret principe inconnu dont elles seules savent le mot, à quelque puissance qui n'est ni dans la religion que souvent elles ignorent, ni dans les traditions de respect humain qu'elles n'ont jamais sues, et qui les enveloppe au besoin d'une barrière infranchissable et d'une force répulsive. Leur front devient tout-à-coup plus fier, leur œil froid, leur contenance offensée. Elles passent ainsi sous la parole ou sous le regard. A deux pas de-là elles reprennent le rire ou la danse interrompue et s'en vont ainsi cheminant par la vie, aussi insouciantes des périls à venir de la route que de ceux qu'elles ont tout-à-l'heure laissés derrière elle.

Et puis il y avait déjà long-temps que Zurbara était à Malte et c'est une belle sauvegarde aux yeux de la foule que celle de plusieurs années de vertu ; et puis aussi l'on savait qu'elle était comme la fiancée de Démétrius le chanteur, et les espérances séductrices, s'il y en avait, s'ajournaient sans doute au-delà du mariage ; d'ailleurs Jacaya, la vieille Juive, n'avait-elle pas eu jusque-là l'œil attentif, il est vrai, pour les Granis qui venaient tomber autour de la Morisque (8), mais vigilant aussi pour éloigner d'elle toute attention trop directe.

Ces deux femmes, la Morisque et la Juive, l'une ainsi vieille et l'autre si jeune, toutes deux ensemble, d'où venaient-elles avant d'être arrivées à Malte ? Nul ne le savait et personne ne s'en inquiétait. Dans les pays aimés du soleil, on accepte la vie avec toutes ses oisivetés de l'esprit et du corps, on la prend avec tous ses biens, sans se demander le pourquoi de chaque chose? Pourquoi la Zurbara était à Malte? eh! mon dieu, à quoi bon ? Elle y était, elle y dansait, c'était plaisir de la voir toute vive et toute pimpante jeter sa faldetta, s'élancer et bondir sur la pointe de ses petits pieds, à quoi bon autre chose? evviva la Zurbara !

Quant aux chevaliers, s'il y en avait dans les auberges des Langues qui en parlaient quelquefois, ceux-là disaient qu'elle dansait à la manière des almées d'Égypte, d'autres comme les zingarhées d'Afrique, d'autres à la mode des gitanas d'Espagne : tous s'accordaient à dire qu'elle était belle à miracle; mais les propos en demeuraient là, et jamais était-il venu à la pensée de la Morisque que l'on put s'occuper d'elle en si haut lieu ?

Cependant, depuis deux mois environ d'insouciante et joyeuse, elle était devenue triste et pensive ; elle avait perdu l'habitude de se montrer chaque soir aux endroits préférés de la ville ; et la ville ne la retrouvant plus comme auparavant au milieu de ses carrefours peu à peu se déshabituait de la voir et s'en allait l'oublier.

Une ou deux fois peut-être avait-elle encore dansé depuis ce temps ; mais alors demandée dans quelque palais et sur de tels ordres qu'elle ne put dire non. La vieille Jacaya la voyant ainsi allanguie pensait qu'on lui avait jeté quelque charme ; Démétrius avait compris que la maladie venait du cœur ; quant à Zurbara, elle se laissait aller, abattue et résignée à son mal, au courant de chaque journée.

Cependant, dans ces derniers jours, l'amour de Démétrius toujours impétueux et tyrannique, toujours rempli de plaintes et de reproches, lui était devenu si insupportable à subir qu'elle avait résolu d'en finir et de s'en affranchir. Ce n'était pas une chose facile ; Démétrius avait les droits que s'imagine avoir toute personne qui aime. Une violente passion donne à celui qui en sent les atteintes comme l'investiture d'un droit de possession ; l'objet aimé est alors sur un trône, le trône est au plus digne ; on va s'en emparer parce qu'on se sent le plus digne, c'est-à-dire le plus aimant : d'abord suppliant aux plus lointains abords, puis à genoux sur les marches, bientôt on y monte, et tout aussitôt monté l'on s'assied; on se couvre en maître, on se couvre le front où se voit l'empreinte toute fraîche encore de la poussière d'en bas; on parle haut et fort, on parle de droits inconnus dans une langue nouvelle, on donne des ordres, on veut être obéi; la voix timide est devenue impérieuse, la prière est devenue commandement, le suppliant est devenu despote. — L'autre épouvantée s'étonne, elle hésite d'abord, elle interroge ce qu'elle ne comprend pas, et ne comprenant pas elle se courbe bientôt devant ces droits dont on lui parle; elle s'imagine alors que ce qui est doit être, elle cherche à voir les objets qu'on lui dit d'apercevoir, à écouter les sons qu'on lui dit d'entendre et la faculté dont elle se sent privée revêt celui qui entend et qui voit d'une supériorité; elle se résigne, elle abdique;

chaque jour amène avec lui ses habitudes et sa patience ; la reine d'auparavant n'est déjà plus qu'une esclave : jusqu'à ce qu'enfin de quelque côté du ciel vienne luire à ses regards une clarté nouvelle ; elle a trouvé, elle aussi, pour ses yeux une lumière, pour son âme un bruit qui vient d'y naître; elle entend, elle voit, elle veut vivre ; il lui faut rompre sa chaîne et sentir la place vide à côté d'elle.

Pour Zurbara, ce n'était pas une chose facile. Démétrius s'était imposé, et il avait enveloppé la Morisque de son amour, comme d'un mur d'airain au-dessus duquel elle n'osa long-temps entrevoir que par intervalle le champ libre des cieux. D'ailleurs, un tel mariage n'était-il pas convenable? le chanteur ne pouvait-il pas épouser la danseuse, l'esclave la Morisque ? la veille Juive n'avait-elle pas approuvé ? Cependant, on sait comment aux Barraques italiennes, le soir du jour qu'entra dans le port la galère turque, Zurbara vint trouver Démétrius et ce qui fut dit là.

Mais si la Morisque avait voulu reprendre sa liberté, ce n'est pas qu'elle espérât jamais faire descendre dans le désert qu'elle formait autour d'elle, l'idole que son cœur voyait en haut. La chaîne rompue, elle devait la traîner seule; la solitude faite, elle y devait vivre seule : et elle le savait.

Seulement, à partir de cette époque, elle sortit plus librement sans avoir besoin de dérober ses démarches aux regards de personne, ni de précipiter sa course comme une fuite devant des pas qu'elle n'entendit plus derrière elle. Ce fut dans les premiers jours comme un cercle de silence autour d'elle, qui l'étonna. Cette pensée absente qui ne l'entourait plus de ses obsessions semblait avoir emporté en dehors tout le bruit et tout le mouvement. Quelquefois un souvenir lui traversait encore le cœur qui laissait après lui une longue trace amère. Mais bientôt le silence lui devint calme, l'étonnement des premières impressions lui parut une paix heureuse, l'amertume ne revint plus, et elle oublia les menaces, l'amour, le souvenir, le nom même de Démétrius.

Elle sortait aux premières heures du jour. — Derrière le bastion Saint-Michel qui était le poste d'Auvergne, à cet endroit reculé de la ville qui regarde le port Marsamuschet et où s'élèvent au-dessus des remparts les blanches ailes des moulins à blé, il y avait une petite maison isolée qu'elle habitait avec Jacaya. Ces premiers instants du matin étaient les seuls de la journée où le logis vit désormais quelque joie. Il semblait que l'espérance s'éveillât au cœur de Zurbara en même temps que le soleil de chaque jour. Elle sortait : la journée se passait, et la nuit venue, quand la Morisque était de retour, combien de fois la vieille Jacaya ne s'affligea-t-elle pas de voir sa tristesse profonde et sa langueur mortelle.

Où allait-elle? que fesait-elle durant la longueur des jours? Elle répondait chaque matin : je me sens lasse, j'ai besoin d'air, je ne puis plus ni me soutenir ni marcher, je vais m'asseoir. J'irai au mail de la Florianne ou vers quelque parapet des plate-formes, ou bien autour de la place des Chevaliers, et je m'y reposerai. Et elle disait vrai la pauvre jeune fille! car elle demeurait ainsi assise et cachée dans sa faldetta durant les journées entières.

Jamais elle ne s'arrêtait sur la place même des Chevaliers. Pouvait-elle donc y mettre le pied, lorqu'aucun Maltais, fût-il un des barons de l'île, ne pouvait s'y promener qu'avec une permission expresse, et encore ceux-là en usaient-ils modérément? Si quelquefois elle venait aux alentours, ses regards semblaient alors interroger les fenêtres du palais qu'habitait le Grand Maître, cachées qu'elles étaient sous leurs saillantes tribunes couvertes : mais le plus souvent elle s'asseyait vers le pourtour de l'église prieurale, de ce côté où l'espace, qui reste libre entre l'église et la Grande-Rue Maestrale, se nommait le parvis de Saint-Jean.

Au bord de cette longue rue qui part du fort Saint-Elme et vient finir à la porte Maestrale, en traversant ainsi toute la cité et longeant le Palais Magistral, elle voyait passer devant elle tous les bruits de la ville.

C'était toujours aux mêmes heures de la journée, le bataillon de Malte qui défilait les fusils hauts, musique en tête et drapeaux flottants ; ou bien messeigneurs les Grand'Croix dans leurs chaises à porteurs, précédés de leur livrée et suivis d'officiers à leurs couleurs, qui se rendaient au palais pour faire leur cour au Grand Maître Dom Pinto ; souvent aussi, et le peuple se découvrait encore, c'était un chevalier à pied qui sortait de l'Albergo de sa langue pour aller faire visite à quelque commandeur, ou qui se rendait pour le service militaire vers le port ou vers les remparts. Souvent le soir, il y en avait des groupes qui s'en allaient de la place des Chevaliers au Mail de la Florianne, pour y prendre de l'exercice (9); ou bien encore, à cette heure-là, c'était le carrosse de Son Altesse le sérénissime Grand Maître qui partait pour la villa du Bosqueto au grand train de ses six chevaux, avec ses gardes à cheval qui galoppaient en avant et derrière, avec ses grandes livrées rouges qu'on ne faisait qu'entrevoir, ses pages qui portaient déjà la croix de chevalier, et le cavalerizze, tête nue, qui ne quittait jamais la portière de gauche.

Parmi ces bruits ou parmi ce silence, parmi le peuple ou parmi les chevaliers, qui donc cherchait ainsi le regard de la Zurbara? Dans quelle attente vivait-elle, et quelle chère présence demandait-elle ? personne ne s'en inquiétait.

Certes, si quelques-uns de la foule eussent reconnu, sous la mantille noire qui la couvrait tout entière, la Morisque, la danseuse des carrefours, ils se fussent bientôt attroupés autour d'elle, ils auraient crié : viva la Zurbara! et l'accompagnant à quelque distance de la place Saint-Jean à cause de la sainteté du temple, il eût bien fallu que la Morisque dansât ; et sans doute qu'ainsi invitée elle ne se fût pas laissée long-temps prier. Mais au sens du peuple, Zurbara pouvait-elle être autre chose qu'une femme toujours dansant, avec des paillettes au sein, des sequins d'or au front, et se produisant le soir ? différemment, une jeune fille assise sur quelque banc de pierre, aperçue durant le jour, enveloppée de la faldetta, eût-on cru reconnaître son visage, ne pouvait-être Zurbara la danseuse. Quant aux chevaliers qui passaient, c'était la tête haute, et ils regardaient aux balcons couverts et fermés des maisons qu'habitaient les dames maltaises, plus volontiers qu'ils ne se souciaient des gens de la rue. Un seul entre tous savait qu'à cette même place une même femme se tenait toujours et ce qu'elle attendait là.

Car parmi les choses occultes, et il y en a beaucoup, une des plus inexplicables est cet avertissement que sent en soi toute personne aimée, lorsqu'un regard en même temps qu'une volonté se posent sur elle.

Le chevalier d'Aléria se rendait souvent du Palais Magistral à l'Albergo de Castille et passait ainsi devant la place Saint-Jean. Il y avait tel angle de la rue, lequel une fois doublé, Zurbara savait qu'elle devait voir apparaître tout ce qui venait de ce côté, et ses yeux constamment dirigés vers ce point, interrogeaient tout ce qui paraissait et quittaient aussitôt ce qui avait paru pour attendre et interroger encore. Son attente avait son point culminant à des heures qui n'étaient pas toujours fixes, car c'était quelquefois le matin, quelquefois dans la soirée. Il y avait des jours où le chevalier ne passait pas. Ces jours-là, Zurbara en avait dès le réveil comme un pressentiment. Elle sentait un découragement intérieur, elle entrevoyait devant elle toute une journée d'attente avec son aridité et sa longueur infinie. N'importe, il fallait aller! l'attente d'aujourd'hui serait peut-être méritoire et le lendemain aurait sa récompense. Mais quelle fatigue inouïe quand le soir de ces jours arrivait et quelle tristesse alors au retour!

D'autres fois elle se levait joyeuse dès le matin; elle sentait en elle-même une certitude qui lui éclairait le cœur comme un rayon de soleil et je ne sais quelle confiante allégresse. La ville lui semblait souriante, ses bruits avaient un air de fête. Alors ses yeux ne quittaient pas l'angle connu. Quels bondissemens de son cœur accueillaient chaque forme à cet horizon! Plus long-temps elle attendait, plus prochaine elle comprenait l'heure. Quand c'était lui, de si loin que ce fût, jamais elle ne s'y trompait. Un autre avait-il ce grand air et cette noble grace dans tout l'aspect? un autre avait-il cette élégance de taille, et marchait-il de cette façon? un autre portait-il ainsi la tête, sa croix d'Ordre et l'épée? A mesure qu'il approchait, quelque chose se taisait en elle : tout son cœur au-devant de lui, toute sa vie dans les yeux, toute son ame dans le regard ; elle se sentait à mesure troubler et faillir. Voilà qu'il était devant elle, ô mon Dieu! alors elle ne le voyait plus ! et quand le nuage s'éclaircissait, quand la mortelle défaillance était passée, lui n'était déjà plus là. Mais c'était là son bonheur, c'était là sa joie ! Heureuse quand elle pouvait, tranquille, à la même place, attendre l'heure et le moment ! Car elle avait ses jours d'irrésolution, de doute et d'inquiétude : si elle était à ce parvis de Saint-Jean, il lui semblait qu'en ce moment le chevalier devait passer sur la place du Palais ou devant l'Albergo de Castille, par le chemin peut-être des remparts; elle s'y rendait en hâte, et, soit qu'elle fût venue devant le palais ou devant l'Albergo, soit que ce fût sur le môle du port ou bien au bastion Saint-Christophe, qui était le poste de Castille (car il n'y avait pas une habitude des chevaliers qu'elle ne fût venue à savoir), à peine arrivée elle se sentait mille regrets et comme un remords d'avoir quitté la place ordinaire ; il lui semblait maintenant que le parvis seulement était la place heureuse ; elle croyait voir son beau chevalier qui paraissait à l'angle familier, et qui passait devant l'église prieurale; elle éprouvait un poignant désespoir de n'y être pas, et elle revenait plus vite encore qu'elle n'était allée.

Ces journées-là se passaient dans ces agitations ; et depuis la nuit où pour la dernière fois elle avait parlé à Démétrius, deux mois environ s'écoulèrent ainsi.

II.

Qui ne connaissait dans Malte le chevalier d'Aléria, Hector d'Aléria, le neveu de Dom Pinto? Le peuple se le montrait à cause de sa bonne mine; plus d'une baronne maltaise soulevait sur le balcon les rideaux de sa tribune pour le voir passer; les chevaliers, ses égaux, le traitaient avec quelque respect, moins familiers avec lui qu'ils ne l'étaient entre eux ; les commandeurs lui serraient la main comme à un égal, oubliant qu'il ne portait encore que la croix d'or de simple chevalier ; et les vieux baillis de l'Ordre, quand ils le rencontraient dans les salons du prince, oubliant qu'il n'avait encore que de blonds cheveux, trouvaient toujours quelques mots agréables à lui adresser.

Mais lui, appréciait toutes ces choses à leur valeur et ne se souciait d'aucune.

De tout temps à Malte les neveux des Grands Maîtres régnans furent traités avec honneur, et sans parler de la réception qui avait été faite jadis au marquis d'Orvillé, neveu du Grand Maître Adrien de Vignacourt, plus d'un prince de Malte sentit dans son cœur des affinités sympathiques pour les faiblesses népotiques et pontificales de la cour de Rome (10). Mais à l'égard du neveu de Dom Pinto, des sentimens si naturels n'avaient eu jusqu'ici aucune manifestation éclatante.

Hector d'Aléria avait été page du Grand Maître, et sa vingtième année venue, il était alors parti pour sa première caravane. Le temps qui suivit, il le passa dans des missions auprès des différens ambassadeurs que l'Ordre entretenait dans les cours d'Espagne et de France, aussi bien que dans celles de l'Empereur et du Saint-Père. Depuis qu'il était revenu de terre-ferme, il avait fait sa seconde caravane et cette fois avec un commandement sur la galère magistrale. Il n'y avait qu'un an qu'il faisait résidence dans l'île et quoiqu'il eût déjà prononcé ses vœux définitifs, il n'avait pas cette fois fait partie de l'escadre que le Religion venait de mettre en mer pour aller, sous les ordres du bailli Marselli, tenir croisière sur les côtes d'Italie. Beaucoup voyant qu'il négligeait ainsi de faire sa troisième caravane, et sachant qu'il ne voulait pas de la croix de grâce, pensaient qu'il se souciait bien peu de devenir commandeur. C'était un fréquent sujet de conversation entre les chevaliers dans les auberges des Langues et ailleurs.

— Je vous en donne ma parole, Messieurs, et vous pouvez m'en croire, disait à des chevaliers qui se promenaient au Mail, le chevalier César de Rofidal, si Dieu m'avait donné pour oncle le Grand Maître, je ne ferais pas tant le difficile ! j'aurais accepté depuis trois ans, au moins, la croix de grâce, et je la porterais fièrement, je vous le jure! je la porterais enrichie de diamans, dût-elle me couter quinze mille livres comme celle du commandeur Barientos!

—Par Notre-Dame-de-Liesse dont la chapelle est à la langue de France, je le crois bien, chevalier! car alors vous prendriez de quoi la payer dans la bourse de votre oncle qui serait le Grand Maître, au lieu que...

— Au lieu que je n'ai pour perspective, n'est-ce pas, que de succéder un jour au commandeur de Farfara, dans sa commanderie? une triste commanderie que la sienne, Messieurs!

A ce nom du commandeur de Farfara, les chevaliers se mirent à rire.

— Avouez au moins, Messieurs, que ce d'Aléria agit bien singulièrement ! qu'il ne veuille pas d'une croix de grâce, cela se comprend : mais quand il n'avait qu'un mot à dire pour obtenir cette faveur, qu'il ne soit pas parti au premier bon vent avec l'escadre...

— Une jolie croisière, n'est-ce pas, que celle d'Italie ?

—... Qu'il ne se dépêche pas bien vite de faire sa troisième caravane et ne revienne pas alors dire : j'ai fait mes trois années de résidence au couvent, puisque tout enfant, j'étais déjà page du Grand Maître ; j'ai fait mes trois caravanes prescrites, de six bons mois chacune ; j'ai fait mes vœux définitifs (11) : et maintenant je prends la croix ! car il n'aurait qu'à la vouloir alors pour la prendre, voilà ce que je ne peux m'expliquer.

—Hélas oui! reprit le vieux chevalier d'Escorailles *, les commanderies magistrales ne lui feront pas faute! mon Dieu, qu'on est heureux d'avoir un oncle qui dispose ainsi d'une commanderie dans chacun des vingt-deux prieurés! moi aussi j'ai rempli les conditions indispensables : j'ai fait mon temps de résidence, j'ai fait mes quatre caravanes, car la cinquantaine approchait, et si je n'avais pas à cet âge rempli les dernières conditions, je n'aurais plus été capable d'avancement; mes cheveux ont blanchi sous le soleil de Malte et j'attendrai longtemps encore jusqu'à ce que mon rang d'ancienneté soit venu!

— Mais, chevalier, vous n'avez pas fait vos vœux de profès!

* Jean-François-Marie d'Escorailles ou de l'Escorailles, reçu en 1710. On pouvait être reçu au berceau.

— Non pas, non pas encore! je sais le nombre, croyez-moi, des chevaliers plus anciens en rang qui me précèdent pour la commanderie...

—Ne voyez-vous pas, disait plaisamment Sébastien de Bélestat*, que le chevalier d'Escorailles fait des neuvaines pour qu'il arrive à Malte une peste comme celle de 1677. Une heureuse année, dit la tradition, pour les améliorissemens et les commanderies, car il y eut alors, dit-on, une terrible épizootie sur les commandeurs.

— Et quand mon tour approchera, continuait le vieux chevalier, alors seulement je ferai à la face des autels mes vœux de désappropriation, d'obéissance et de chasteté.

* Jean Sébastien de Varagues de Bélestat, reçu en 1726.

— De chasteté ? vous avez reculé jusqu'à présent ? mais c'est du relâchement, chevalier !

— C'est donc que si votre tour n'arrive pas tout de suite, reprenait Rofidal, vous comptez vous marier, chevalier ? alors dépêchez-vous pour le mariage, je vous le conseille, dépêchez-vous plus vite que pour la commanderie !

Et ils riaient tous à l'envie les uns des autres.

— Sera-ce avec la Guccia que vous vous marierez ? demandait un des plus jeunes, passant en revue une nomenclature qui n'était rien moins que sainte — ou avec la Barbara ? une jolie fille, sur mon honneur, qui n'est pas du tout barbare ! — avec la Rosmunda ?..

— Non, non, Messieurs, le chevalier d'Escorailles est ambitieux, poursuivait Sébastien de Bélestat, ce sera avec la signora Gaëtana!

— Elle est mariée, mon cher chevalier! que dites vous donc de la signora? cherchez un autre nom!

— Mariée! qu'en savez-vous et qui peut l'affirmer? mariée avec un mari qui n'est pas ici et dont on ne sait pas seulement le nom!

— On dit qu'il va arriver!

— Eh bien! alors, le chevalier d'Aléria aurait mieux fait de partir tout de suite pour sa troisième caravane.

—Comment! dit le vieux chevalier d'Escorailles, est-ce donc vraiment que le chevalier d'Aléria?... et il fit un geste plein de surprise et d'interrogation qui acheva sa question.

— Et vous en doutez? vous avez blanchi sous le soleil de Malte, je parle de vos cheveux, car notre teint agit à l'inverse, et vous ne savez pas cela! le chevalier d'Aléria se montre fort assidu chez la belle signora Gaëtana. On en parlait encore hier à l'auberge de Castille; on disait même que le commandeur de Farfara, car il a été placé par le Grand Maître comme chevalier d'honneur auprès de la belle Génoise — vous savez cela du moins, — était fort jaloux de certaines œillades.

— Eh bien! Messieurs, interrompit un autre, d'Aléria se conduit admirablement, s'il agit de la sorte. Vit-on jamais tenir en réclusion une beauté dont on dit merveille, interdire sa porte à tout ce qu'il y a de jeune et de présentable dans l'Ordre, ne laisser pénétrer auprès d'elle que ces vieux baillis qui ont toujours la mine d'aller au conseil, et lui donner pour chevalier d'honneur un personnage comme le commandeur de Farfara! en vérité fut-elle prisonnière ou reine pour être traitée de la sorte et recevoir ce qu'on nomme des honneurs, celui qui aurait à cœur de lui prouver qu'il existe de jeunes chevaliers dans l'île, mériterait bien de nous tous : et nul, il faut dire vrai, ne le peut faire à meilleur droit que le neveu du Grand Maître!

— Que parlez-vous de ses droits à cette heure! ce n'est pas à cause de sa qualité de neveu du Grand Maître, reprit avec un soupir le vieux chevalier d'Escorailles, que celui-là se fera bien venir de la belle dame. Non, non! c'est parce qu'il est jeune, lui, parce qu'il a des cheveux bouclés, de grands yeux toujours tristes et un beau visage!

— Et vous pensez donc, demanda d'un air avantageux le petit chevalier qui avait déjà parlé, que cela peut servir à quelque chose, d'être jeune, d'avoir des cheveux qui bouclent et...

— Mais ce que je n'aurais jamais cru, continuait le vieux d'Escorailles, ce que je ne crois pas encore, c'est que le chevalier d'Aléria aille pour un autre motif au pavillon Lascaris que pour y rendre des devoirs obligés.

En ce moment les propos s'arrêtèrent,

car un chevalier de beau et gracieux aspect s'approchait des interlocuteurs, et quand il fut rendu près d'eux :

— Messieurs, dit-il, avez-vous quelques messages à faire parvenir jusqu'à Syracuse de Sicile ? un spéronare partira bientôt du port ; et si le vent n'est bon, à son défaut les rames me serviront seules : car les ordres de Monseigneur le Grand Maître sont pressés, et je sais, ajouta-t-il en souriant, à quoi m'oblige en pareil cas mon métier de neveu.

Pendant que les chevaliers accueillaient avec empressement le nouvel arrivant et lui parlaient de son prochain départ, César de Rofidal et Octave de Galéan [*] échangeaient quelques mots à voix couverte :

---

[*] Louis-Auguste-Octave de Galéan de Gadagne, reçu en 1726.

— A Syracuse ! vous avez entendu ? Ne serait-il pas singulier qu'il fût envoyé là-bas, précisément pour chercher le mari de cette belle dame du pavillon Lascaris ? Un triste devoir pour un soupirant !

— Le mari de cette dame, dites-vous ? à Syracuse ! est-ce donc qu'il est à Syracuse ?

— Ah ! vous ne savez donc rien de tout cela ! venez de ce côté, je vais vous conter d'étonnantes choses que j'ai ouï dire en bon lieu.

Hector d'Aléria, car c'était lui qui était intervenu au milieu de la conversation des chevaliers, était étranger à tous les discours qui avaient trait à lui dans la ville : et comme au lieu de loger avec ceux de Castille à l'Albergo de sa langue, il occupait un appartement dans le palais du Grand Maître, les propos que les chevaliers pouvaient tenir sur son compte n'arrivaient pas jusqu'à lui. D'ailleurs, les eût-il connus, il ne s'en fût pas occupé.

Il y avait en lui une sorte de découragement qui s'étendait sur toutes choses, et pas une dans la vie ne lui semblait valoir la peine de se baisser pour qu'il la ramassât. Lorsque toute espérance paraissait lui sourire et toute ambition s'ouvrir devant ses pas, il n'avait nulle ambition au cœur et il n'y avait aucune espérance d'avenir qu'il voulût poursuivre. Aussi quoiqu'il eût pour oncle le prince de Malte, le Grand Maître de l'Ordre de Saint-Jean, peut-être ne se fût-il jamais décidé à entrer dans la Religion de Malte, si quelque chose eût survécu des premières illusions de sa jeunesse.

Il était entré dans le monde les yeux éblouis de clartés qu'il allait voir, le cœur enivré d'amours qu'il allait trouver, l'esprit enchanté de rêves qu'il allait atteindre ; quand il eut marché les premiers pas, il regarda autour de lui et il s'aperçut que le monde tel qu'il était n'était pas le sien. Au lieu des effusions d'amour qu'il portait en lui, des bénédictions qu'il avait dans le cœur pour la création tout entière, des sympathies immenses qui s'éveillaient dans son âme comme l'aube d'un jour incommensurable, il ne trouva dans le cercle étroit et glacial qui vint l'envelopper que répulsions et préjugés, nécessités et apparences, chocs et calculs. Dans ses voyages sur le continent, quels fruits avait-il donc interrogés, qui sous sa main se réduisirent en cendre ? à quelles sources avait-il voulu s'abreuver dont l'eau s'échappa entre ses doigts avant qu'il l'eût portée jusqu'à ses lèvres? quelqu'un le sût-il jamais dans l'île?

Mais quand il revint, les ombres du crépuscule s'étaient étendues sur les clartés autrefois souriantes; les bénédictions, ce chant qui est dans l'ame durant la jeunesse, s'étaient tues faute d'échos; toutes les flammes divines qui tour-à-tour s'étaient allumées en lui, brillantes alors au même temps, rêves et amours, illusions et espérances, à présent une à une éteintes comme les flambeaux d'une fête où nul convié n'est venu, avaient mis le deuil et la nuit, là où il y avait eu une place si belle pour le bonheur et pour son éclatante lumière.

Aussi fit-il ses vœux définitifs de chevalier-profès sans retard et sans hésitation. Qu'eût-il fait autre chose? Les anciens solitaires ne prenaient-ils pas un travail manuel pour asservir le corps et matérialiser l'esprit? Chacun, dans la race humaine, ne semble-t-il pas avoir besoin comme les bêtes de somme d'un harnais ou d'un bât à porter pour courir ainsi, le temps de sa vie, sur les chemins du monde? Puis au moment de marche où en était le siècle, quel plus noble harnais endosser que celui des hommes de guerre? quelle enseigne plus glorieuse sous laquelle se courber, que celle de la Religion de Malte et la croix blanche des chevaliers de Saint-Jean? D'ailleurs, on le sait déjà, Dom Pinto le Grand Maître était l'oncle d'Hector d'Aléria : la destinée de celui-ci était donc toute tracée à l'avance; et plutôt que de lever les bras pour le gouvernail ou pour les rames, ne valait-il pas mieux suivre l'impulsion donnée et se laisser ainsi aller à la dérive, comme font les sauvages qui naviguent en s'abandonnant au courant des fleuves la face tournée vers le ciel.

Aussi, quand il fut chevalier, Hector d'Aléria se donna-t-il tout entier aux devoirs de sa profession. Il avait fait vœu de désappropriation et d'obéissance, et il vivait détaché de tout et indifférent à tout. Ce n'était peut-être pas l'esprit, mais c'était la lettre des statuts. Il avait fait vœu de chasteté, et il vivait chaste au milieu des scandales de l'île. Il avait trouvé dans l'accomplissement des devoirs un calme profond, au fond duquel il était venu à bout de refouler tous les élancemens de la jeunesse.

Cependant, quelquefois encore en revoyant ce qui était dans Malte d'un si poétique assemblage, le couvent et la place d'armes, la règle monastique et l'institution guerrière, il sentait s'exalter en lui de juvéniles ferveurs dignes d'un autre temps. — Le silence du cloître, le froc et l'humilité du moine, il ne les eût jamais acceptés; mais le cloître qui était une ville de guerre, le froc qui était une casaque d'armes, la croix qui s'arborait sur un étendard de combat, et l'office qui couvrait sa psalmodie du bruit des clairons; tout ce mélange chevaleresque d'église et d'armée, d'hiérarchies conventuelles et de pompes aristocratiques, tous ces bruits d'un ordre ecclésiastique et militant, toutes ces fiertés féodales d'une association noble et souveraine lui réveillaient parfois au cœur de vagues inquiétudes en même temps que le souvenir des anciens rêves.

Quant à la surface de lui-même, c'était toujours une permanente tristesse. L'isolement et la pureté de sa vie, en jetant sur son front quelque sérieuse empreinte, avaient d'ailleurs retenu sur toute sa personne le premier charme de jeunesse qui fuit si vite, quand le désordre des passions qui viennent se joint aux années qui s'écoulent pour le faire disparaître. Ses habitudes, comme sa nature et comme sa position, étaient devenues exceptionnelles. C'étaient là comme autant de séparations qui s'étaient à son insu élevées entre lui et les autres, et son abord en avait pris une sorte d'involontaire réserve qui écartait de lui toute amitié banale et toute interrogation. Il passait pour froid, et il renfermait mille expansions dans son cœur; il passait pour fier, et il combattait en lui-même mille timidités. Ainsi placé, ainsi jeune, ainsi beau, le chevalier d'Aléria, digne de tout amour, vivait seul et sans amour.

Jamais quand il traversait la ville, il n'avait relevé la tête pour surprendre aux balcons bien des regards qui peut-être n'attendaient que le sien. C'était alors qu'il sortait du palais pour les devoirs de sa condition, car jamais non plus, comme les jeunes chevaliers, il ne parcourait les carrefours pour s'y faire voir en tenue militaire, ou pour y passer les heures oisives de la journée. Souvent aussi vers le soir, car il n'accompagnait que rarement le Grand Maître à la villé du Bosqueto, il gagnait la campagne par la Florianne; et c'est alors que dans l'aller ou dans le retour, il passait devant la place et l'église de Saint-Jean.

Combien de fois la Zurbara, à cette

place, ces soirs-là et durant la journée, attendit-elle les heures de son passage! Combien de jours s'écoulèrent-ils avant que le neveu de Dom Pinto eût rencontré le regard de la Morisque? Hector d'Aléria le savait-il lui-même !

La première fois ce fut à l'occasion d'un tumulte qui se faisait aux abords du parvis de Saint-Jean. Un criminel y avait pris droit de refuge, la foule s'attroupait et le chevalier d'Aléria regardait du côté de l'église, quand il rencontra le regard d'une femme dont le trouble et la fixité arrêtèrent le sien. Il trouva que cette femme était belle sous sa faldetta ; il crut se souvenir d'avoir quelqu'autre fois vu ce même visage : mais il passa son chemin indifféremment. Le lendemain, en regardant vers la même place, il retrouva la même

femme et le même trouble dans le même
regard, la même émotion arrêtée sur lui.
Il s'interrogea pour rassembler ses souvenirs et arrêtant les yeux sur elle avec une
attention qui n'était que de la curiosité, il
crut reconnaître cette femme, et il ne se
trompait pas, pour une almée qu'il avait
vu danser devant le palais, un jour que la
foule applaudissait si fort que le Grand
Maître lui-même vint regarder derrière le
balcon.

Que faisait-elle assise ainsi et toujours
aux mêmes heures, se retrouvant à cette
même place? Il n'y a pas d'homme si indifférent, si pur ou si modeste qu'il soit,
qui ayant rencontré le regard que d'Aléria
avait vu dans les yeux de la Morisque s'y
fût mépris. — Aussi ne s'y trompa-t-il pas.
Il se sentit troublé, soit courroux d'un

amour partant de si bas, soit impatience de cette attente sur son passage, ou bien crainte d'un soupçon public. Bientôt il en vint à prévoir sur son chemin cet endroit à l'avance; à se faire, pour y passer, une contenance plus froide; à calculer sa démarche et son air. Mais en cela, il y avait déjà une pensée pour la femme qui était là. Enfin quand il était arrivé devant elle, il ne la regardait pas, mais cependant il la voyait. Si quelquefois plus tard, il jeta un coup d'œil distrait de son côté, il aperçut tant de discrétion dans son attitude, tant de supplication, de respect, d'attente et d'amour dans ses yeux, qu'un sentiment de bienveillance et de pardon se remua dans le fond de son cœur.

C'est qu'une violente passion a, comme la foi, sa force qui ferait s'incliner les montagnes; comme la verge du prophète, sa vertu qui attendrirait la pierre des rochers. C'est aussi que toute sympathie a ses attractions mystérieuses et dominantes qu'on ne saurait expliquer et qu'il n'y a pas d'amour, si impossible qu'il soit, dont l'hommage ne puisse flatter l'orgueil d'un homme. D'Aléria subissait ces influences sans qu'il s'en rendît compte. Peu à peu les glaces se fondirent, son air devint moins froid, il ne détourna plus la tête, il abaissa même les yeux et il eut enfin tous les jours un bon regard pour la Zurbara. La bienfaisance n'est-elle pas une vertu? Toute aumône est-elle donc de pain?

Oh! comme la Zurbara attendait celle-ci et la recueillait dans son âme! quelle rosée sur sa vie! quelle bénédiction sur sa journée! quel pain quotidien pour sa prière!

quelle céleste manne dans son désert!

Quelquefois, en ces instans-là, ce qu'elle sentait de joie intime, de reconnaissance soudaine et de tranquille bonheur, ne peut se comparer qu'au moment de béatitude qui succède à une vive souffrance quand elle vient à cesser; d'autres jours son cœur éclatait en actions de grâce et il y avait des voix qui chantaient en elle comme un cantique d'allégresse. Ce regard, quelque fussent les tristesses qui avaient précédé, était comme un rayon de bonheur réfléchi sur sa vie passée qui s'en éclairait. Hélas! ce n'était pas trop de ces clartés pour les ombres qui allaient suivre, car d'Aléria allait quitter l'île et Zurbara, la pauvre Morisque, pouvait-elle rien savoir des projets du chevalier?

Cependant, dans les derniers jours où

elle le vit, elle s'était aperçue que celui-ci était devenu préoccupé. A peine avait-il un regard pour Zurbara, habitude encore ou bonté; mais déjà ce n'était plus la même bienveillance. Des troubles s'étaient élevés dans le cœur du chevalier qui l'empêchaient d'entendre à présent ceux auxquels il avait compâti. La distance était grande du parvis de Saint-Jean au pavillon Lascaris, du banc de pierre où la Morisque était assise au salon où la belle Génoise Gaëtana recevait ceux des chevaliers que le Grand Maître avait seuls désignés pour être admis près d'elle. Une étoile s'était levée dans le ciel nuageux où jusqu'à présent d'Aléria n'en avait aperçu aucune. Mais il baissait les yeux et doutant de lui-même il voulait ne pas voir.

Le jour même où le chevalier d'Aléria prit congé des chevaliers au Mail de la Florianne, il était rentré au palais et avait donné les derniers ordres pour son départ. Le but de son voyage était Syracuse d'abord, mais peut-être devait-il aller jusqu'à la hauteur de la Corse, car ainsi que le chevalier César de Rofidal l'avait sans doute dit à Octave de Galéan, quand il le prit à part pour lui conter les choses étranges qu'il avait ouï dire en bon lieu : celui que d'Aléria allait chercher sur ces côtes pour l'amener à Malte, n'était autre que le mari de la signora Gaëtana, de cette belle Génoise qui habitait le pavillon Lascaris dans les jardins du Grand Maître — c'était le roi de Corse, le roi Théodore.

LIVRE IV.

—

Les Historiens qui ont escrit l'extinction de l'ordre militant du temple de Salomon, nommé des Templiers, rapportent que leur ruine procéda d'eux-mesmes par le moyen de deux chevaliers de leur Ordre, l'un Gascon, prieur de Montfaucon, l'autre, Florentin ; lesquels deux méchans et malheureux réduicts au désespoir, en se perdant eux-mesmes, se résolurent de traîner à leur perte toute la religion des Templiers.

(MALTHE SUPPLIANTE AUX PIEDS DU ROY. 1553.)

I.

A peine si deux ou trois fois, depuis la rupture, Zurbara avait entrevu Démétrius et chaque fois alors elle l'avait vu, de l'endroit où elle était habituellement assise, s'interposer comme une ombre entre elle et le bonheur qu'elle attendait. L'esclave était grave, ne la regardait même pas et continuait sa marche sans paraître l'avoir aperçue. Du reste, sa nouvelle fortune auprès du Bacha n'avait en lui rien changé des choses extérieures. Il portait toujours la cape d'esclave comme ceux des galères; rien alors ne lui eût fait quitter, pour des habits plus brillans dont il aurait pu se parer, ce vêtement qui si long-temps indice de sa servitude était à présent devenu le signe de sa puissance. Démétrius s'était fait le chef occulte d'un peuple à part et il avait lui aussi des sujets dans l'île.

D'abord il avait pu communiquer avec tous ceux des esclaves qui jouissaient d'une certaine liberté dans la ville. Il fut long-temps à sonder chacun à part avant de hasarder la moindre ouverture. Jamais aucune mission n'exigea plus de précautions, plus de réserve, plus de patience. Quant à ceux qui étaient renfermés dans la prison commune ou bagne, pour éviter tout soupçon, il ne les voyait jamais lui-même en particulier, mais seulement tous ensemble, chaque semaine, à la mosquée. Autrement un nègre nommé Caramamet qui partageait leur sort avait pris toute influence sur eux et il était devenu un chef secondaire sous l'inspiration de Démétrius; enfin l'émissaire qui transmettait au nègre les instructions de celui-ci n'était autre que la vieille Juive Jacaya, la compagne et pour ainsi dire la mère de Zurbara. Elle était toujours demeurée soumise aux influences de Démétrius et elle lui était devenue nécessaire, car elle avait ses entrées dans la prison des esclaves où chaque jour elle allait vendre à ces malheureux de l'ivoire d'Afrique et du corail de Sicile pour les menus ouvrages dont ils occupaient leurs loisirs.

Le Bacha de Rhodes avait été logé en dehors de la Florianne, dans une de ces maisons entourées de jardins qui sont à l'extrémité du port Marsamuschet et par conséquent à l'entrée du promontoire sur lequel est bâtie la ville Valette. Sur l'autre rivage de cette étroite péninsule, tourné vers l'autre port et séparé seulement de la maison du Bacha par la largeur du front de la ville, se trouvait isolé, presque en regard de la chapelle de Notre-Dame-de-Pitié, le petit édifice qui servait de mosquée aux esclaves. On serait tenté de dire que nulle part la liberté n'est plus grande que dans les états despotiques : à Rome, les Juifs, lorsque partout ailleurs ils étaient cruellement persécutés, avaient leur synagogue ; à Malte, telle était la paternité du pouvoir, que dans cette île même, sanctuaire d'un Ordre qui faisait vœu de guerre perpétuelle aux Infidèles, on accordait aux malheureux esclaves mahométans leur culte libre et une mosquée pour y invoquer Dieu dans la langue de leur prophète.

Chaque semaine, au jour consacré, le Bacha se rendait à la mosquée en grande pompe, accompagné de sa maison, entouré des honneurs dûs à son rang et reçu par les esclaves avec le respect qu'ils auraient témoigné au Grand Seigneur lui-même. Démétrius avait habilement fait valoir auprès d'eux le rang, l'importance et la dignité du Bacha. Au sortir de la prière, le Bacha revenait à sa maison et on avait poussé les égards jusqu'à laisser la liberté aux esclaves turcs d'aller lui porter leurs saluts, qu'il recevait assis comme aurait pu le faire le Sultan. Les initiés seuls étaient admis. La réception finie, Mustapha, le Bacha de Rhodes, se retirait dans ses appartemens particuliers, Démétrius prenait les ordres, et peut-être même le Bacha lui laissait-il la même réponse que le Grand Turc à son visir, après un discours fini d'ambassadeurs chrétiens : Dites-leur tout ce que vous croirez qui leur fera plaisir ! Quoiqu'il en fût, Démétrius revenait à eux, et bien qu'il parlât au nom du Bacha, lui-même alors devenait chef et prince.

Il trouvait en lui-même et dans sa passion mille ressources qu'il produisait avec une habileté, une énergie, une éloquence infinies. Il parlait à ceux-ci de leurs souffrances et de l'horrible labeur des galères, aux autres de la patrie absente et de ses douceurs, à quelques-uns de ses projets qui flattaient leur ambition, à tous de la vengeance qui est d'essence divine et de la liberté qui pouvait se recouvrer.

Car il leur faisait entrevoir une époque prochaine et des moyens faciles de délivrance. Après tout, s'il fallait mourir à l'entreprise, qu'était-ce donc que la vie, si non une torture sans fin pour des gens de cap, de galère ou de galiotte, ainsi que les appelaient, dans leur langage méprisant, les chrétiens maudits de cette île ? D'ailleurs le prophète n'avait-il pas annoncé que le paradis est soutenu sur des fourreaux de sabre, et que les épées des martyrs de la foi suspendues à l'entour du trône de sa majesté divine en feront le plus bel ornement ? N'avaient-ils donc pas le choix entre ces deux avantages également désirables, la victoire ou la mort, chacun avec sa récompense ? Il les exhortait à faire leur devoir et quand il les voyait dévoués à ses paroles, il leur expliquait qu'il ne leur faudrait que tenir quelque temps en échec les chrétiens maîtres de la ville; que dans l'intervalle quelque puissant secours leur viendrait de la part du glorieux Sultan, et que ce serait sans doute son envoyé auprès d'eux, Mustapha, Bacha de Rhodes, qui serait chargé de l'annoncer.

Il leur disait bien d'autres choses encore; et les esclaves, transportés de joie et animés d'espérance, applaudissaient à ses paroles. Quant aux traîtres, ils étaient rares alors et Démétrius ne les craignait pas. Avait-on jamais vu chez les Musulmans d'Asie ou chez ceux d'Afrique un seul complot, et combien n'y eut-il pas, qui eût été révélé par une trahison?

Ainsi Démétrius était tout à la vengeance.

L'œuvre patiente avait grandie, le succès s'élaborait en silence : mais à travers toutes les préoccupations de détail, et malgré toutes les sinuosités qu'il avait à suivre, il avait toujours présentes devant les yeux deux images qui de nuit ou de jour lui servaient de but et de guides, celles du chevalier d'Aléria et de Zurbara la Morisque; l'une invoquée et reniée tour-à-tour, l'autre toujours maudite : colonnes lumineuses ou sombres, elles n'en dirigeaient pas moins sa marche à travers l'ardent espace que sa passion avait à parcourir.

Le temps n'avait fait qu'envenimer la plaie de son cœur. Ce qu'il rêvait dans ses désirs les plus extrêmes, c'était toujours la mort du chevalier d'Aléria et les larmes de Zurbara, car il ne faisait pas de doute que celle-ci ne fût la maîtresse du chevalier. Mais avant de le frapper dans sa vie, il cherchait dans quelles affections, dans quels sentimens, dans quel endroit sensible il pourrait le trouver vulnérable : alors il y enfonçait d'avance mille poignards, il se repaissait à loisir de chimériques tortures, et il s'affligeait de trouver si peu de défauts dans l'armure d'indifférence et de froideur dont s'était revêtu le chevalier.

Un soir qu'il se promenait seul et préoccupé sur le bastion Saint-Christophe, derrière l'infirmerie de l'Ordre et au-dessus de la prison des esclaves, une vieille femme soigneusement voilée vint à sa rencontre. Malte avait alors tant d'usages de l'Espagne que ses maisons et ses rues ont gardé jusqu'à présent même la physionomie d'un pays auquel elle appartint si long-temps.

— Quand on est jeune et beau, lui dit la vieille, on s'en va seul pour rêver d'amour; mais quelque soient vos rêves, jamais espérances ou désirs que vous ayez pu avoir ne se sont élevés jusqu'au premier mot seulement d'un secret que j'ai pour vous.

— Quand on est esclave, répondit Démétrius, on ne fait pas de rêves d'amour. J'ai peut-être des espérances au cœur, mais celles-là, je les garde pour moi. A un autre, *mia madre*, vous vous trompez d'enseigne !

— Vous êtes esclave, c'est vrai! reprit la vieille en écartant ses voiles pour mieux l'envisager, mais vous êtes jeune et, par mon honneur, c'est encore vrai, vous êtes beau! de plus, vous êtes chanteur, et si je ne me trompe d'enseigne vous avez nom Démétrius.

— Je n'ai pas le temps de vous entendre ce soir, *cara vecchia*, et toutes les douceurs du paradis me vinssent-elles par la bouche d'une houri plus jeune que vous ne me trouveraient qu'amertume dans l'âme. Rangez-vous, que je passe!

— Ne laissez pas tomber inutilement mes paroles, dit la vieille offensée, car l'air qui vient de la mer est si frais ce soir que je ne peux demeurer long-temps, et tous les regrets de votre vie ne paieraient pas ce que vous allez perdre. Non, non, ne faites pas le dédaigneux, croyez-moi! de tels mépris vous iraient mal.

« Car plus d'un chevalier, continua-t-elle en posant sa main sèche sur le bras du jeune homme pour le retenir, le plus beau chevalier de l'Ordre, le chevalier d'Aléria, m'entendez-vous, donnerait lui-même dix années de sa vie pour le message que je vous apporte ! »

— Le chevalier d'Aléria ? dites-vous vrai, ma bonne mère ? il aurait, lui, un bonheur à m'envier ! mais parlez ! quel est ce bonheur, et quel message avez-vous donc ? en grâce, expliquez-vous !

— Avez-vous le temps de m'entendre à cette heure ? j'en ai trop dit peut-être, mais j'ai dit vrai ! Le chevalier d'Aléria est fou d'amour pour une belle dame qui n'a des yeux et un cœur que pour vous.

— Une belle dame, dites-vous, qui a un cœur et des yeux pour moi ? mais je ne la connais pas !

— Que ferais-je ici, si vous la connaissiez? cependant vous l'avez vue. — Ne traversez-vous pas deux fois par jour le port des galères pour aller à la prison de l'arsenal, là bas de l'autre côté, où il y a aussi des esclaves?

— Oui!

— Ne prenez-vous pas votre barque au-dessous des jardins du Grand Maître et ne vous y ramène-t-elle pas?

— Oui, encore! oui!

— Et vous ne devinez pas? encore un mot : n'avez-vous pas chanté dans un festin, il y a tantôt deux mois, à ce petit palais que voilà là-bas, — oui, regardez-bien de ce côté, — au pavillon Lascaris?... et l'éclat des bougies vous a-t-il à ce point ébloui, que vous n'ayiez vu ce soir-là, de l'autre côté de la table, en face de Monsieur le Grand Maître, qui soupait cette fois au pavillon Lascaris, deux beaux yeux?...

— Quoi! serait-il possible? cette dame? mais non, oh! non, vous vous jouez de moi!

— Cette dame vous aime et elle veut vous voir, mon beau jeune homme! maintenant j'ai tout dit. — Bonsoir. — Ah! j'oubliais : c'est pour le troisième jour qui suivra celui-ci, lorsque la nuit sera venue. Vous revêtirez un habit de chevalier, — la croix de Jérusalem sur le manteau, le chapeau sur les yeux! — vous dépasserez, sans vous arrêter, la grille d'entrée où sont deux soldats aux gardes de Monsieur le Grand

Maître, — et vous demanderez à l'huissier qui viendra : le commandeur de Farfara ! — le reste me regarde, — et maintenant adieu !

La vieille s'éloignait. — Démétrius la retint encore.

— Et le chevalier d'Aléria, m'avez-vous dit vrai, le chevalier d'Aléria a donc de l'amour pour cette dame !

— De l'amour? dites mieux que cela, de l'adoration ! allez, allez ! vous pouvez me croire : mes yeux ont soixante ans, mais ils voient encore assez clair pour ces choses-là.

L'esclave se promena seul et pendant long-temps sur le bastion. Étrange destinée de son amour, et il faut le dire, hélas! de tout amour. Jamais la balance où se mesure la passion eût-elle deux poids égaux en équilibre? n'y a-t-il pas toujours un des deux amours qui veut mettre l'autre à son niveau, s'affaissant ainsi sous le poids de ses exigences ou de ses douleurs; tandis que celui-ci dégagé d'entraves et plus léger, s'écartant à mesure qu'il se sent attiré, s'élève et se perd dans les insouciantes régions? n'y a-t-il pas dans la vie une incessante poursuite de bonheur? Mais sur la route où chacun se précipite et vers le but inconnu où l'on court, jamais deux amours marchent-ils de front et cheminant de concert, la tête sous une même couronne, les mains unies dans la même étreinte, l'un n'est-il pas toujours en avance ou en arrière de l'autre? et si celui qui ne peut suivre à cause de l'oppression du cœur s'arrête pour mieux faire entendre sa prière, pleurant et les bras étendus; l'autre dégagé de l'étreinte ne va-t-il pas alors d'une marche plus libre et d'une course hâtée par la plainte, jusqu'à ce que lui-même se trouve aussi bientôt en arrière de qui ne doit pas non plus se retourner pour l'attendre? toute distance n'est-elle pas ainsi doublée, toute atteinte impossible, tout amour seul et veuf de l'amour qu'il poursuit.

A Démétrius il manquait l'amour de Zurbara, à Zurbara l'amour du chevalier, au chevalier d'Aléria voilà donc à présent que manquait l'amour de la Génoise. Impossibilités, vous êtes des abîmes dans le cœur dont nul ne sondera jamais les profondeurs et les mystères !

L'esclave éprouva un sentiment de joie vive, mêlé d'étonnement et d'orgueil. Il releva la tête et regarda les étoiles qui étaient radieuses et brillantes sur le bleu sombre du ciel.

— C'était écrit, se disait-il, et le sage avait bien lu là-haut! pour la fortune il a déjà prédit vrai et pour ceci encore! voilà donc ce qu'il voulait m'annoncer quand il m'a dit : mon fils il y a autour de toi un grand amour qui demande le tien! — oh! j'étais loin de penser qu'il y eut dans le monde un autre amour possible, un autre amour que celui qui m'est refusé. Mais aussi que m'importe toute chose, que m'importe cette femme qui n'est pas Zurbara, Zurbara que j'ai tant aimée! — et cependant oui, oui j'irai là-bas! je rendrai à d'Aléria une partie de la souffrance que j'endure, je souillerai son amour et je lui ferai une tache à l'endroit du cœur : blessure pour blessure, c'est l'éternelle loi de justice! — Oui j'irai! — à moi donc cette vengeance d'abord en attendant la grande! l'autre vengeance! oh! que n'en suis-je assuré comme du reste, et pourquoi le Sage, dans cette nuit où je l'ai vu, n'a-t-il pas mieux expliqué ses dernières paroles? — Le phénix, disait-il, se changera en dromadaire infatigable si tu veux atteindre d'un seul bond le Sagittaire dans le firmament!

Démétrius s'arrêta pour considérer les astres, comme s'il eut espéré déchiffrer dans les hiéroglyphes d'or du livre céleste l'énigme que l'assemblage des mots qu'il avait retenus ne lui présentait qu'inintelligible dans son obscurité; mais soit ignorance de ses yeux, soit changement dans les positions sidérales, il ne parvint pas à retrouver les aspects que le Sage lui avait montrés dans le ciel.

II.

Quand Zurbara ne vit plus d'Aléria qui avait quitté l'île, et depuis que le chevalier ne lui apparaissait plus, ni aux heures du soir, ni aux heures du matin, elle passa d'abord d'inquiètes journées, elle s'imagina ensuite que par une fatalité sans égale, le chevalier passait devant l'église de Saint-Jean aux rares momens où elle n'y était pas, et elle fit en elle-même le vœu de ne pas quitter les abords de l'église. Le matin la voyait là, le soir l'y retrouvait encore. Elle ne s'en allait qu'aux heures tardives de nuit, quand toute la ville s'endormait dans le silence. Bientôt elle se sentit tomber dans une sorte de désespoir où il n'y eut plus pour la soutenir que sa volonté persévérante et quelqu'espérance lointaine, faible clarté brillant encore bien au-delà de la nuit qui s'était épaissie autour d'elle.

Cependant il y eut un moment où elle se réveilla de cet accablement, où elle quitta son banc sur le parvis, où elle s'aventura aux abords du palais Magistral, où elle fut vers le port, où elle parcourut l'enceinte des remparts, où elle questionna même les serviteurs de l'Albergo de Castille et les gardes du palais ; mais soit que ses questions fussent timides, soit que ceux qu'elle interrogeait ignorâssent eux-mêmes ce qu'elle demandait, elle n'obtint aucun renseignement. Alors elle revint à la place qu'elle avait quittée et où tant d'heures de sa vie s'étaient écoulées, elle pleura des larmes amères en voyant combien elle était en dehors de l'existence du chevalier, et elle eut envie de mourir.

Pauvre fille, qui n'as jamais eu pour bonheur que des visions maintenant perdues, qui n'as jamais approché de tes lèvres ce fruit délicieux qu'on appelle amour et que tant d'autres, tu dois le croire, se partagent dans la vie ; hélas ! que sont devenues tes insouciantes journées, tes joyeuses danses, tes dentelles d'or et tes paillettes, les cris de joie de la foule et la belle jeunesse si riante dans ton cœur et la gaîté qui pétillait dans tes yeux noirs!

Maintenant la voilà toujours cachée sous son voile, toujours immobile, toujours pleurant : ou ce qui est encore plus triste que les larmes, car à présent elle ne pleure plus, morne, abattue, silencieuse; et le cœur, l'âme, et la vie saisies de la même torpeur mortelle.

Auparavant, en ce temps qui est passé, quand il paraissait et qu'il la regardait, elle était si heureuse qu'elle ne pouvait dire ce qui l'accablait; à présent elle le sent bien, c'est qu'il lui semblait toujours quand elle le revoyait que c'était pour la dernière fois, et quand elle le perdait de vue que c'était pour ne plus le revoir.

Quand il reparaîtra, s'il reparaît jamais, elle veut qu'il la trouve morte, mais morte à cette même place. — Quel bonheur ne serait-ce pas d'avoir le droit d'y mourir! alors il aura sinon un regret, peut-être un remords, ou du moins un étonnement et un souvenir : voilà tout ce qu'elle demande! — il faut toujours dans la jeunesse qu'une espérance de souvenir transmis se rattache à l'idée de mort, pour que l'attente de celle-ci devienne consolatrice.

Comme la vieille Juive Jacaya toute occupée des instructions et des ordres de Démétrius passait les journées entières à la prison des esclaves, nul ne s'inquiétait plus de Zurbara. Enfin arriva le moment où les forces lui manquèrent. — Un matin qu'elle avait voulu sortir comme de coutume, après quelques pas faits au dehors elle se sentit si défaillante qu'il fallut revenir et rentrer dans la chétive demeure. Deux chambres la composaient : celle du bas pour Jacaya, celle du haut pour Zurbara, — la voix des deux femmes pouvait s'entendre de l'une à l'autre. — Sans doute Zurbara éprouva les abattemens d'une fièvre dont la période fut longue; bien des heures s'écoulèrent, le soir était déjà proche et le soleil disparaissait, quand il lui sembla entendre au-dessous d'elle, dans la pièce qui était à l'étage inférieur, les voix de deux hommes. En même temps la parole bien connue de l'un d'eux la fit tressaillir, elle se souleva sur sa couche et elle écouta avec une sorte d'effroi, car c'était Démétrius qui parlait!

— Qu'importe, disait-il, que Jacaya soit ici ou n'y soit pas! la vieille est à moi et j'ai mes droits d'entrée dans sa maison.

D'ailleurs je l'ai prévenue que nous devions nous rencontrer chez elle, et si quelqu'un doit s'étonner ici, c'est moi de ne pas l'y trouver.

— Eh! bien, disait l'autre qui était le nègre du bagne, celui que l'on nommait Caramamet, à quel jour l'entreprise? tous les miens sont prêts, chaque esclave a juré par son dieu de massacrer un chevalier.

— Le jour était prochain, répondit Démétrius, mais j'aimerais mieux le différer d'un an, je dois vous le dire, plutôt que de laisser échapper un chevalier qui n'est plus dans l'île. Celui-là, il faut attendre son retour! car sans lui pas de fête.

Démétrius ajouta :

— Le neveu du Grand Maître est parti,

vous le savez ! Mais pour combien de temps?
nul ne l'a pu dire ! N'avez-vous rien appris
depuis l'autre jour?

— Rien sur son retour ! rien sur le temps
de son absence ! personne ne sait rien.
C'est moi qui l'ai vu le dernier. Je vous l'ai
déjà dit : ce jour-là il traversait le poste de
Castille, il était en buffle et en bottes et se
rendait vers le port.

— Ecoutez-moi ! les instructions restent
toujours les mêmes, il n'y a plus que le jour
à prendre et son retour en décidera. Les
lettres sont parties pour Stamboul, Alger,
Tunis et Tripoli : les flottilles barbaresques
se tiendront prêtes et n'attendront plus que
le dernier avis. Nous aurons besoin de leur
secours pour nous maintenir dans une place
d'une défense aussi étendue que la cité

Valette. Mais ce soin-là me regarde; vous, vous savez, n'est-ce pas, ce que vous avez à faire ?

— Oui! les poisons vont être remis aux esclaves qui sont employés aux cuisines du palais et à celles des auberges des langues; de telle sorte qu'au jour qui sera fixé, tous les chevaliers qui y auront pris leurs repas n'auront pas long-temps à vivre; tandis qu'à l'heure même de la sieste tous seront surpris et attaqués à l'improviste.

— Avez-vous choisi et désigné ceux des esclaves qui doivent entrer inopinément au palais Magistral par les quatre portes ?

— Je leur ai expliqué comment aidés et renforcés de ceux qui sont attachés aux différens services du palais, ils doivent désarmer la garde, enfoncer la salle d'armes et distribuer les armes à nos camarades.

— Ceux-là répandus partout, accourront au premier signal qui se verra sur le balcon! c'est bien, observa Démétrius.

— Je suis desormais sûr, continua Caramamet, de la résolution du camérier qui est attaché à la personne du Grand Maître. C'est un esclave turc, vous le connaissez! le Grand Maître l'affectionne beaucoup, il y a eu chez ce jeune homme bien des hésitations à vaincre.

— Mais enfin il a juré?

— Il entrera chez Dom Pinto avant que nous forcions la garde, il lui tranchera la tête et l'exposera sur le grand balcon du palais. Tout dépendait, vous le voyez, d'être assuré de celui-là et ce n'est pas sans peine que nous y sommes parvenus. Il nous fallait quelqu'un qui pût entrer librement et à toutes les heures chez Dom Pinto. Cette exécution sera le signal que nous attendrons, nous, aux alentours du palais et qui doit servir d'avis aux autres esclaves de massacrer chacun leur maître. Quant à Ymseleletti, toute ouverture était impossible.

— Qui vous a ordonné, imprudent maladroit que vous êtes, s'écria Démétrius, de rien dire à ce jeune homme qui n'est plus des nôtres, à cet esclave qui est devenu garde du prince, à ce renégat qui s'est fait chrétien ?

— Mais, je ne lui ai rien dit non plus, balbutia Caramamet !

— Ai-je donc besoin d'un autre que moi,

continua avec emportement Démétrius, pour arracher à d'Aléria sa vie maudite ! Non, non, j'en jure par le prophète et par l'évangile, pas un autre que moi n'y touchera ! et quand le jour sera venu, Dieu fasse qu'il ne tarde pas ! c'est moi seul qui saurai trouver le neveu de Dom Pinto, et par sa tête et par son sang, bien des injures alors me seront payées !

Zurbara éperdue, demeura glacée d'épouvante. Telle fut la frayeur qu'elle ressentit que rien de plus ne lui vint perceptible; mais en ce moment le sentiment d'un péril immense se dressa devant elle. Il y avait une conspiration parmi les esclaves, le jour en était prochain et le chevalier d'Aléria devait y perdre la vie.

LIVRE V.

Messieurs,

Si quelqu'un parmy vous concevoit quelque mauvaise opinion que je voulusse par trop entreprendre de donner loy ou prescrire la leçon aux majeurs et anciens de l'Ordre, je proteste dès à présent mon intention n'estre telle; scachant très bien que le moindre de vous peut avoir plus de connoissance ès-affaire d'estat et de l'Ordre que je n'ay, estant tous de vieux et généreux capitaines expérimentez et versez en toutes sortes d'affaires.

(ANNE DE NABERAT, *commandeur d'Ayen, conseiller, aumosnier servant la Royne. — Instructions pour faire les preuves de noblesse des chevaliers de Malthe.*)

I.

Le palais des Grands-Maîtres occupait le point le plus élevé du Promontoire à deux versants sur lequel a été bâtie la cité Valette et se trouvait au milieu de la ville, ayant en face de lui l'espace libre qui se nommait la place des Chevaliers. Cependant cet emplacement qui semble aujourd'hui le plus favorable, n'était pas celui qu'avait choisi la pensée du fondateur. Jean de la Valette avait eu dessein de bâtir le palais Magistral à l'extrémité de la rue qui parcourt la ville dans toute sa longueur, là où se trouve aujourd'hui la porte Maëstrale, à l'opposé ainsi et presqu'en regard du fort Saint-Elme. Mais cet endroit n'avait conservé de l'honneur de sa destination première, que celui d'avoir encore à sa droite et à sa gauche les postes des langues de Provence et de France qui étaient, pour la première, le bastion Saint-Jean-Baptiste, et pour la seconde le bastion Saint-Jacques.

C'est que Jean de la Valette avait à bâtir des remparts et des forteresses avant de songer au palais. Il n'habita pas même la ville qu'il fonda et qui ne reçut de lui que sa dépouille mortelle et son nom. Grand homme qui fut un objet d'admiration pour l'Europe entière, qui n'avait, après sa victoire sur les Turcs, autour de lui que des murailles et des fortifications détruites, des magasins sans poudre et sans munitions de guerre, des maisons abattues ou prêtes à tomber, un bourg démantelé qui prit dès lors le nom de Cité Victorieuse, des habitans pâles et défigurés par les luttes d'un siége de quatre mois, des chevaliers couverts d'honorables blessures, débris de plus de deux cent soixante qui étaient morts; et qui tandis que son nom était célébré dans toutes les nations de la chrétienté où la joie publique éclatait par des illuminations, des feux, des prières et des actions de grâces solennelles; tandis que le pape lui envoyait le chapeau de cardinal que Pierre d'Aubusson avait porté, et qu'il refusait lui, pour ne pas confondre ensemble, répondait-il, la grande-maîtrise et le cardinalat, deux grands titres qui exigeaient de différentes fonctions; tandis que Philippe II lui-même s'émouvait d'admiration et lui faisait porter et présenter en plein conseil une épée et un poignard dont la garde était d'or massif : grand homme qui ne songeait qu'à une nouvelle attaque et à une nouvelle défense; qui envoyait par l'Europe son plan d'une ville nouvelle, en demandant aux rois chrétiens d'y envoyer chacun leur pierre; qui pendant deux années passa lui-même ses jours entiers au milieu des travailleurs, y prenant ses repas, y donnant ses audiences et ses ordres; qui accomplit enfin son œuvre et ne put en jouir lui-même.

Il y avait trente-huit ans depuis que le

Grand Maître Villiers de l'Ile-Adam, celui qui s'illustra dans Rhodes, avait transporté à Malte le couvent et la résidence de l'Ordre; cet île venait d'être consacrée par le sang de ses défenseurs, la ville nouvelle était fondée et s'achevait de bâtir, quand le fondateur fut y prendre sa demeure.

Les larmes et les regrets des chevaliers et du peuple contemplaient le cortége qui partait de la Cité Victorieuse pour traverser le Grand Port. Deux galères armées, parées de drap noir, traînaient jusque dans l'eau des enseignes et des bannières aux armes des Turcs et des autres infidèles qu'avait vaincus celui que l'on pleurait; elles tiraient après elles la capitane désarmée et sans arbre, qui portait le corps du Grand Maître mort; deux autres galères suivaient qui lui avaient appartenu, et comme de bons chevaux de bataille derrière le cercueil du maître, elles étaient couvertes de drap noir avec des ornemens lugubres. Le successeur du prince, les seigneurs du conseil, les commandeurs et les principaux chevaliers montaient ces deux galères. La pompe funèbre sortit du port en ce triste équipage, doubla le fort Saint-Elme et entra dans le port Marsamuschet. La maison du mort, ses officiers et ses domestiques, tous en grand deuil, descendirent les premiers à terre. La plupart avaient des flambeaux à la main, d'autres des étendards pris sur les Turcs. Les prêtres marchaient ensuite et portaient le corps en chantant les prières de l'église. Le nouveau Grand Maître, les seigneurs de la Grand'Croix venaient immédiatement et ils étaient suivis du gros des chevaliers. Le corps de Jean de la Valette fut porté dans la chapelle de Notre-Dame-de-la-Victoire qu'il avait bâtie, et il fut ainsi enterré dans la cité nouvelle où il avait élu sa sépulture (12). A lui la tombe, glorieuse pierre de son illustre fondation, à un autre le palais.

Mais ce ne fut pas non plus son successeur immédiat, Pierre de Monté qui fit bâtir le palais que, deux cent quatre-vingts ans après lui, habitait aujourd'hui le Grand Maître Dom Pinto. Ce fut Jean de la Cassière qui pendant son magistère fit élever ce monument.

Le palais des Grands Maîtres formait une masse séparée des autres édifices sur la place des chevaliers. Ce bâtiment carré était imposant par sa grandeur, mais il n'était à l'extérieur décoré d'aucun ornement (13). Car ce qu'il fallait admirer dans l'architecture de cette ville de Malte, c'était d'abord un goût exquis dans la forme des masses, ensuite une noble simplicité dans les détails. Quatre portes placées à chaque face, donnaient entrée au palais. En vue de la principale, on apercevait à l'intérieur une plantation d'orangers; deux cours divisaient l'édifice, l'une destinée aux chaises à porteurs des Grands'Croix; l'autre, établie pour la commodité des écuries du prince. Sur la droite du vestibule en entrant, était un escalier en cul de lampe avec des reposoirs, le meilleur, le plus aisé, le plus beau dans ce genre que l'on pût voir et qui conduisait à l'appartement d'hiver du Grand Maître. Construit sur un plan ovale, les degrés en étaient si larges et si bas, que l'on ne s'apercevait pas que l'on montât ni que l'on descendît. Attentive précaution qui se trouvait là fort à sa place, disaient les jeunes chevaliers, car les doyens de l'Ordre étant la plupart des vieillards d'un âge respectable et fort incommodés de la goutte, il leur eût été impossible, prétendait-on, de venir faire leur cour au Grand-Maître si les degrés de l'escalier du palais eussent été moins doux.

Sur la gauche, une autre rampe conduisait à l'appartement d'été : ainsi l'intérieur du palais, construit avec toute l'intelligence possible, sans rien enlever aux pièces destinées à la représentation souveraine, réservait au prince deux appartemens commodes et distincts; de telle sorte, que Dom Pinto, qui s'occupait autant de la commodité que de la magnificence, et qui avait en outre pour l'été ses jardins du rempart et ses délicieux palais de plaisance du Bosqueto et de San-Antonio, était logé plus agréablement qu'aucun prince de l'Europe, sans peut-être à cette époque en excepter le roi de Sardaigne.

Ce soir-là, un chevalier entrait au palais. C'était un homme déjà sur l'âge, mais encore vigoureux, car il ne fit aucun cas des reposoirs de l'escalier, et parvint assez lestement au haut des degrés; c'était un grand dignitaire de l'Ordre, car les gardes se rangèrent sur son passage et formèrent la haie. Les Grands'Croix tenaient fort à maintenir dans le palais leurs honneurs et prérogatives, et ils en avaient qui s'étendaient jusques dans l'appartement du Grand Maître. En effet, si celui-ci ne leur rendait jamais de visites, du moins quand ils venaient le voir aux jours d'apparat, il les recevait toujours debout et découvert; et dans les banquets de cérémonie, quand le Crédancier versait à boire, si les Grands'Croix se découvraient, il est vrai, toutes les fois que buvait le Grand Maître, celui-ci ôtait aussi son chapeau après. Nul ne le pouvait contester et les curieux le savaient bien, car dans ces banquets l'étiquette était pour eux-mêmes qu'ils ne devaient pas se retirer avant que son altesse eût bu le premier coup.

Le chevalier de Guédès, car c'était lui qui montait chez le prince, était pour lors le chancelier de l'Ordre; il était bailli de l'Aigle ou bailli d'Aquila, comme on disait à Malte, et fort avant dans l'intimité de Dom Pinto dont on savait qu'il était parent. Voilà ce que tout le monde pouvait avouer; mais ce qui ne se disait qu'à voix basse dans l'île, c'est qu'il était fort adonné aux sciences occultes, qu'il avait depuis long-temps initié le Grand Maître aux croyances cabalistiques et qu'il se rendait chez Dom Pinto le soir pour travailler au grand œuvre avec lui.

N'était-ce pas encore l'heure prescrite ou bien avant d'entrer, se recueillait-il en quelque pensée ; quoiqu'il en fût, il se promena long-temps en long et en travers des grandes galeries couvertes et des salons qui conduisaient des appartemens d'hiver à ceux d'été : il tenait la tête soucieusement inclinée et regardait à terre comme un homme préoccupé.

Que lui importaient sur le mur des galeries la suite de ces portraits de Grands Maîtres (14), tous appendus par ordre de règnes, depuis La Valette jusqu'à Pinto, depuis Pierre de Monté jusqu'à Raymond Despuig, en remontant depuis celui-ci, par Manoël de Vilhena, Zondondarri, Perellos,

Vignacourt et les autres, jusqu'à Martin Garcès, Verdale et la Cassière ; tous aussi vêtus de noir et flanqués de leurs pages en livrée rouge, enfans déjà chevaliers, issus de bien grandes maisons, sans doute, pour avoir eu l'honneur de placer ainsi leurs jeunes têtes dans l'ombre de celles des Grands Maîtres ?

Que lui importaient davantage ces frises où Joseph d'Arpino avait représenté toutes les prises faites par les galères, héroïques faits d'armes des Martinengue et des Grolée ; auxquels Salviati, Grand Prieur de Rome, Botigella, Grand Prieur de Pise, Romégas le commandeur, Téméricourt, Chambray et les autres, devaient ensuite ajouter tant de brillantes pages ?

Il ne regardait rien. Cependant autour

de lui c'étaient de grandes salles où de précieuses peintures à fresques représentaient les principales actions de l'Ordre depuis sa fondation jusqu'à Villiers de l'Ile-Adam. C'était l'histoire de Rhodes et de Jérusalem : et à Rhodes, comme à Jérusalem et comme à Malte, l'histoire de l'Ordre de Saint-Jean était toute remplie de gloire pour celle de France. A Jérusalem, celui qui fonde l'institution des chevaliers-hospitaliers de Saint-Jean, avant que fussent instituées en Syrie les quatre autres religions militantes du Saint-Sépulcre, de Saint-Lazare, de Sainte-Marie des Teutoniens et du Temple, c'est un religieux français, c'est Pierre Gérard; celui qui ceint le glaive et qui fait de l'institution monastique un ordre militaire, c'est Raymond du Puy *; jusqu'à Guillaume de Villaret, presque tous les Grands

* 1,100.

Maîtres qui se succèdent, soit dans la Palestine, soit à Limisso dans l'île de Cypre, ces rudes hommes de guerre qui combattent sans relâche à côté des Lusignan, des Baudouin, de Saint-Louis, ce sont des chevaliers de France; celui qui conquête Rhodes, c'est un chevalier de France, Foulques de Villaret ; puis, à cette époque où l'histoire de l'Ordre est bien encore une croisade, mais une croisade devenue permanente et n'offre plus qu'une longue série de combats, de descentes à main armée où figure la prise de plusieurs villes et parmi ces conquêtes, la prise de Métélin bientôt enlevée par les Turcs, quels sont les Grands Maîtres qui se montrent? c'est Dieudonné de Gozon, c'est Jean de Lastic, Emery d'Amboise, Philibert de Naillac. Celui qui défend Rhodes contre les Turcs et qui les repousse à ce roisième siége, comme avaient fait aux deux premiers Villaret et Lastic, c'est Pierre d'Aubusson ; et celui qui succombe enfin sous leurs efforts, mais qui, selon le dire de Henri VIII, parole anglaise cette fois impartiale, acquit plus de gloire en perdant cette île que s'il eût conquis un royaume, c'est Philippe Villiers de l'Ile-Adam. Après Rhodes, c'est Malte ; et à Malte, n'est-ce pas comme à Rhodes ? Après Villiers de l'Ile-Adam, Jean Parisot de la Valette ; après Alof de Vignacourt, Adrien de Vignacourt, avant et après ceux-ci d'autres noms français et glorieux ? enfin dans la longue série de soixante-sept Grands Maîtres, qui depuis Gérard jusqu'à Pinto ont regné sur l'Ordre, n'y en a-t-il pas trente-huit, sans compter ceux dont l'origine devient douteuse dans l'obscurité des premiers temps, qui ont appartenu à quelques-unes des trois langues de France ?

Mais, soit que le bailli d'Aquila fût Portugais et comme tel faisant partie de la langue de Castille ; soit que l'habitude eût détruit toute curiosité ou bien qu'il fût préoccupé de toute autre pensée : toujours est-il qu'il ne donnait pour lors aucune attention aux peintures des murailles, non plus qu'aux souvenirs de l'histoire passée.

Mais qui eût vu ce chevalier d'une haute taille, encore droite malgré l'âge, se promener ainsi le long des galeries dans les ombres déjà venues du soir ; qui l'eût vu passer et repassser à temps égaux devant ces sombres fresques séparées dans leurs encadremens par des statues des rois de Judée et de prophètes, ou par des figures allégoriques et des sentences tirées des psaumes ; qui eût connu les bruits que l'on donnait comme certains sur son compte ; et qui eût entendu le vieil abbé Mesquito prêcher à la collégiale de Saint-Paul, contre les choses de magie et de cabale, n'eût pas envisagé le bailli d'Aquila sans quelque terreur.

Enfin un page parut à une porte jusque-là fermée, et venant à lui, le tira de sa rêverie; tout aussitôt le chevalier de Guédès, bailli d'Aquila, entra dans l'appartement réservé du prince.

II.

Quoique la saison fût avancée, le Grand Maître n'habitait pas encore l'appartement d'été, celui qui était tendu d'étoffes de Damas et qui aboutissait à la grande volière; il demeurait encore dans son appartement d'hiver. A cet âge on a froid plus long-temps. On était cependant aux approches de juin, et si les avertissemens du soleil de Malte ne valaient pas les avis du calendrier, ceux qui n'auraient pas su le nom du mois auraient pu l'apprendre devant le palais; car les branches d'arbres avec des fleurs qui étaient plantées sous le balcon du Grand Maître y avaient été mises le premier jour de mai et elles y demeuraient renouvelées pendant tout le mois. C'est ainsi que les Rhodiens célébraient la fête du Soleil, et les descendans de ces fidèles sujets qui suivirent autrefois la fortune de l'Ordre avaient maintenu cet usage à Malte.

A la suite de plusieurs salles et chambres dont les lambris étaient recouverts de tentures en brocart rouge, avec des crépines et des galons d'or, se trouvait un cabinet, et dans ce réduit commode et scientifique, où le bailli d'Aquila entra, se tenait un petit vieillard vêtu de noir, habillé selon la mode que suivaient alors ceux de Castille, et portant sur la poitrine deux grandes croix à huit pointes, comme celles des chevaliers grands'croix ; mais tandis que ceux-ci n'en avaient jamais qu'une, lui seul en portait deux.

C'était le Grand Maître Dom Manuel Pinto de Fonséca, chevalier portugais de la langue de Castille, qui avait été auparavant bailli d'Acre (15), et qui avait succédé à Raymond Despuig dans le magistère, il y avait huit années de cela.

En ce moment il tenait à la main une sorte de sébile remplie de sable noir et micacé ; il était debout et s'était rapproché des flambeaux allumés, sans doute pour mieux voir cet échantillon minéralogique qu'il regardait, en même temps qu'il le fouillait du doigt, avec un air mécontent.

— Savez-vous ce qui arrive? dit-il, au bailli d'Aquila; votre montagne de sable ne nous donnera jamais que poussière, et votre île de Goze non plus que celle de Malte ne nous donnera jamais que des cailloux!

— Monseigneur, répondit le bailli, je viens aussi, moi, d'apprendre que la dernière épreuve n'a pas été favorable et que l'analyse...

— L'épreuve! l'analyse! interrompit Dom Pinto, si ce n'était que cela nous en serions quittes pour le charbon brûlé; mais les fouilles qu'il a fallu faire à Goze! La montagne de sable qu'il nous a fallu déblayer, remuer de fond en comble et transporter plus loin, avant d'arriver à ceci! — et il montrait avec mépris le sable noir. — Tant d'argent dépensé en pure perte! et le roi Théodore qui arrive!

— C'est parce qu'il va arriver, monseigneur, qu'il faut réserver nos espérances pour la Corse; et parce que l'île de Goze manque à ses promesses et ne renferme, cela paraît sûr, ni mines de fer ni mines d'or, c'est à cause de cela qu'il ne faut pas laisser échapper la royauté et la possession de l'autre île.

Le bailli d'Aquila eut un moment de silence interrogateur. Dom Pinto ne répondit rien. Le bailli continua :

— Cyrano, vous le savez, l'a bien longtemps habitée. Il n'avait émis pour l'île de Goze que des doutes; mais pour la Corse, c'est différent. Il affirme, sa parole vaut de l'or, que nous trouverons là-bas pour nous dédommager tous les trésors du monde!

— Mais en attendant, dit Pinto, il me faut de l'argent pour Théodore qui arrive, il m'en faut pour les Génois, il m'en faut pour Hyacinthe Paoli! vous savez que Paoli ne veut me faire reconnaître roi de Corse qu'autant que je viendrai appuyé sur le parti Génois et sur celui de Théodore; sur les droits anciens de la sérénissime république et sur les droits nouveaux de ce roi élu. Tout cela ne s'achète pas avec du sable noir!

— Je pourrais parler à votre altesse des commanderies magistrales (16) qui vont à cette cinquième année rendre des responsions à son trésor particulier.....

— Responsions des prieurés, commanderies magistrales, interrompit Dom Pinto avec un geste insouciant et dédaigneux, droits du fisc et de la principauté, allocations du sacré trésor, ce sont là revenus du Grand Maître et du prince qui doivent être dépensés dans Malte par le prince de Malte.

— Et quand le prince est magnifique, reprit le bailli d'Aquila, huit cent mille livres tournois ne suffisent pas chaque année à la dépense de sa maison ! Aussi ne parlais-je pas à votre altesse de ce qui touche au magistère ou à la principauté, mais du fief que monseigneur a fait vendre dans l'Alentéjo, ce qui ne diminuera pas de beaucoup son patrimoine de famille. Votre altesse serait encore après cela le plus riche bailli de l'Ordre ! On peut bien vendre un fief pour acheter une couronne !

Dom Pinto s'apaisait, il était évident qu'il ne voulait qu'être convaincu.

— Mais, dit-il, l'argent de Portugal n'arrive pas.

— Oh! qu'à cela ne tienne, monseigneur, reprit le bailli d'Aquila désormais à l'aise, vous êtes avant tout prince de Malte et vous pouvez, en attendant, emprunter tout ce qu'il vous plaira à la caisse de l'Universalité (17).

Ce peu de mots renfermait tout ce qui peut être un blâme dans le long règne de Pinto. Il appauvrit le trésor et ruina l'Universalité de Malte, par ses profusions et ses emprunts; il eut la manie d'être roi de Corse et celle de trouver la pierre philosophale; il dilapidait et laissait dilapider mais les concessions n'allaient pas plus loin. Nul plus que lui ne fut jaloux du pouvoir, des prégoratives, des honneurs du magistère et ne sut mieux les maintenir et les étendre. Il arrivait, tandis que les chevaliers se plaignaient d'un côté de ses empiétement d'autorité, que de l'autre, il anéantissait les derniers vestiges des libertés maltaises. On ne trouverait pas d'hommes qui eussent conservé jusqu'à l'âge avancé qu'il devait atteindre, car il ne devait mourir qu'à plus de vingt années de là, autant de finesse et d'habileté. Du reste son abord était facile, son amabilité et la douceur de ses manières étaient charmantes. Il savait inspirer une respectueuse familiarité. Prodigue de promesses qui ne se réalisaient que rarement, et plein d'accueil pour le moindre de ses sujets, il avait à un tel point l'art de séduire ceux auxquels il avait affaire, que quelques doléances que l'on eût à faire en entrant chez lui, on en sortait toujours content.

Le soir du jour, et peut-être à l'heure même ou Zurbara écoutait avec tant de terreur le secret du complot qui s'était formé parmi les esclaves, le Grand Maître était donc ainsi tranquille dans son cabinet, maintenant assis et déjà rasséréni, s'entretenant avec le bailli d'Aquila des choses qui lui importaient le plus.

— Oui, oui, reprenait-il, je suis prince de Malte, et s'il plaît à Dieu, je serai bientôt roi d'une autre île. Celle-là du moins sera bien à nous !

— Nous sommes un ordre religieux, répondit le bailli d'Aquila, qui ne comprit pas la pensée de famille que renfermaient ces derniers mots du Grand Maître, et Malte n'est pas assez grande pour deux puissances ecclésiastiques : c'est trop en effet d'avoir ici l'inquisiteur!

— Est-il donc à craindre, demanda avec bonhomie Dom Pinto? et penseriez-vous que les évêques de Malte voulussent faire revivre leurs prétentions turbulentes?

— A craindre? oh! non vraiment, Monseigneur, et ce que je dis est pour le passé, car nous ne sommes plus au temps, dieu merci, où l'inquisiteur Delci voulut que dans les rues de Malte le carrosse du Grand Maître Pérellos s'arrêtât à la rencontre du sien.

—Non, par Notre-Dame de Philerme, dont la chapelle était à Rhodes! s'écria Pinto, car si pareille insulte se renouvelait jamais, je commanderais au baron Inguanez mon Capitaine de Verge, de jeter l'insolent hors de sa voiture, afin que ma livrée, mes gardes, mon carrosse et mes six chevaux lui passent sur le corps!

— C'est peut-être dans ce dessein, dit en riant le bailli, que le Capitaine de Verge chevauche toujours, les jours d'honneur, à la portière de gauche du carrosse des Grands Maîtres, et que Perellos prit des gardes : car si je ne me trompe, c'est lui le premier Grand Maître...

—C'est peut-être à cause de cela aussi, interrompit Dom Pinto, qu'au lieu d'une compagnie de gardes qu'il avait j'en ai pris trois.

— Et qu'au lieu du simple titre d'Éminence qu'il portait, ajouta le bailli, vous êtes aujourd'hui Altesse éminentissime!

— Je vous l'avoue, dit Pinto, réjoui dans ses intimes vanités, l'éminence sentait toujours pour moi le cardinal! Je ne sais pourquoi d'Aubusson et Verdale se laissèrent empourprer par les papes. Moi, j'aurais fait comme La Valette qui refusa. J'aurais estimé mon barreton de Grand Maître bien au-dessus du chapeau rouge (18).

— Ah! monseigneur, vous avez maintenant mieux que le barreton des anciens Grands Maîtres! Le mortier de velours noir avec ses six houppes blanches et sa tournure de Palestine était malséant sur la tête et sur l'écu d'un prince de Malte. C'est vous encore, l'Ordre ne l'oubliera jamais, qui avez acquis le droit, car vous l'avez depuis cinq ans, de porter la couronne fermée sur votre front et sur les armoiries de l'Ordre.

— La couronne fermée est de privilége royal, observa Pinto, si c'était un pronostic ?

— Eh bien ! répondit avec résolution le bailli, l'empereur d'Allemagne permit aux sujets de Malte d'appeler le Grand-Maître Alof de Vignacourt et ses successeurs, Altesses sérénissimes ; les chevaliers et les cours étrangères vous ont reconnu, à vous le premeir, le titre d'Altesse éminentissime; les Corses feront un pas de plus et vous appelleront Majesté.

— La trinité m'embarrasserait, répondit benoîtement le Grand Maître; il y aurait peut-être des casuistes ! et le Saint-

Père croirait que je joue de mon côté aux trois couronnes!

— Prenez toujours les trois îles, aujourd'hui Malte et Goze, demain la Corse, et ne craignez rien du côté de Rome. L'Ordre relève du Saint-Siège et la souveraineté de Corse pareillement. Ce ne seront que deux hommages sous une même couronne; d'ailleurs, si le Saint-Père se fâchait, vous avez de bons alliés contre lui, le roi de France qui vous appelle son très cher et très aimé cousin (19), le roi d'Angleterre qui vous nomme...

— On voit que vous êtes chancelier de l'Ordre, monsieur le bailli, vous savez toutes ces choses-là beaucoup mieux que moi-même. Roi de Corse! cela ferait un gros changement à nos formules de bulle et à nos titres publics!

— Vous quitteriez les anciens titres et ne garderiez que les nouveaux, Monseigneur!

— Quitter les anciens et lesquels donc dois-je quitter, à votre avis, monsieur le le chancelier? demanda Pinto, avec quelque susceptibilité.

— Eh! sans doute, la formule du couvent : gardien des pauvres de Jésus-Christ, humble maître de la maison de l'hôpital de Jérusalem!... car je ne veux pas parler au moins...

— Vous ne voulez pas parler, n'est-ce pas, des titres qui me font protecteur et défenseur de la foi chrétienne; prince, premier baron et gardien de la couronne des rois de Jérusalem; despote de la Morée, prince de l'Achaïe, de Corinthe et de Sparte;

seigneur absolu de Rhodes et des îles environnantes, y ayant succédé aux mêmes droits que les tenait Ottoman 1er, prince souverain des îles de Malte et de Goze ; seigneur absolu du domaine royal de Tripoli ; et Grand Maître de l'Ordre religieux, hospitalier, militaire, noble et souverain de Saint-Jean de Jérusalem (20) ?

— Oh ! pour ces titres-là, Monseigneur, quoique vous ne les preniez pas d'ordinaire dans les bulles et actes publics, je les respecte trop pour jamais vouloir y porter la main !

— Eh bien ! reprit Pinto, mais alors avec sa bonne grâce ordinaire, tous ceux-là ne me sont pas plus chers que le seul que vous ayiez voulu retrancher ; car je n'oublierai jamais que sous mon manteau ducal j'ai l'habit de chevalier, et qu'à travers les claire-voies de ma couronne fermée on aperçoit le barreton noir du chef des hospitaliers !

Ce n'étaient pas de vains titres, ceux-là qu'avait énumérés Dom Pinto, lors même qu'ils n'étaient plus que des souvenirs : car chacun d'eux, depuis sept cents ans, avait été acheté au prix du sang de bien des générations de chevaliers, à force de courage, de dévouement et d'héroïsme. — Nobles temps où un mot venu du trône ou de la tiare, ces deux grandes croyances, devenait un titre de gloire ; où les services les plus éclatans se payaient avec une parole de pontife ou de roi ! Magnifiques titres de noblesse que ceux de l'Ordre de Saint-Jean où chaque siècle avec son empreinte avait écrit et laissé quelque témoignage de son admiration ! ici c'est la recon-

naissance des Croisés qui proclame les successeurs de Gérard, défenseurs des pélerins et chefs hospitaliers ; là, c'est la confiance des successeurs de Beaudoin qui leur donne les clefs du trésor et la garde de la couronne des rois de Jérusalem, « ce qu'ils n'eus-
» sent fait, dit un vieil historien, à au-
» cune personne, ni à aucun prince de tout
» le monde. » — Plus loin, c'est la féodalité conquérante qui partage avec eux et qui, de la pointe de l'épée, leur circonscrit un territoire et leur assigne des droits ; plus tard, c'est l'église qui proclame que le Grand Maître des chevaliers est illustre, qu'il est le protecteur et le défenseur de la foi chrétienne. Ce chef illustre, c'était Villiers de l'Ile-Adam. Il était vaincu, et dans toute l'Europe qu'il parcourt, il est reçu comme un victorieux ne le fut jamais. Le Pape se lève, quand pour la première fois il paraît

au Vatican ; Henry VIII d'Angleterre sort de son palais au-devant de lui et l'appelle mon père ; François Ier le prend pour arbitre ; Charles Quint le fait asseoir à côté de lui, sous le même dais, sur son trône.

L'Ordre entier participe à cette gloire de ses chefs ; il faudrait plusieurs volumes pour recueillir tous ses droits, toutes ses prérogatives, tous ses privilèges. Quand il a assez de richesses, on le récompense en honneurs, on le traite en souverain, on lui cède le pas et la prééminence ; et quand l'étendard de la Religion se trouve aux armées navales, il précède tous les autres après celui de l'empereur et des rois. Si les galères de l'Ordre vont, en 1535, rejoindre la flotte impériale sous les hauteurs de la Sardaigne, la capitane de Malte prend place au côté gauche de la galère de l'empereur et ne cède la droite qu'à la capitane du Pape quoique l'étendard de la République de Gênes et bien d'autres s'y trouvent; si plus tard, en 1553, les galères de la Religion font partie de l'entreprise du Pignon, l'étendard de l'Ordre, car celui du Pape ne s'y trouve pas, prend rang au côté droit de la réalle d'Espagne, au milieu d'une armée de cinquante galères et quoique l'étendard du Duc de Savoie s'y rencontre. Tous les pavillons rendent des honneurs au pavillon de la Religion; celui des galères de Malte ne doit le salut à aucune galère des Princes chrétiens. Aussi voit-on l'élite de toute la noblesse d'Europe tenir à honneur d'entrer dans la Religion de Saint-Jean; aussi voit-on des princes échanger leurs armoiries contre la croix blanche qui se montre en champ rouge sur le pavillon de l'Ordre(21);

aussi le Grand Maître qui devenait le chef de cette grande Religion militante pouvait-il à bon droit s'énorgueillir de la gloire et des titres de ses devanciers!

La réponse de Dom Pinto au bailli d'Aquila ne vint donc pas d'un grand fonds d'humilité; et celui-ci ne s'arrêta pas à ce qui pouvait s'y trouver de sentiment religieux.

— Le malheur est, Monseigneur, répliqua-t-il, que la moitié de ces titres ne rapporte plus que des souvenirs.....

— Autrement, n'est-ce pas, ajouta gaîment Dom Pinto, je ne serais pas obligé, pour payer le roi Théodore, de vendre mon grand fief dans l'Alentéjo.

— ... Mais Votre Altesse a raison de tenir

à ces titres et de tenir à tous : c'est fantaisie déjà royale! il y a trois souverains au moins dans le monde, qui s'intitulent en même temps rois de Chypre, et qui ne retirent de leur île que du vin; — quand ils l'achètent!

— Nous tirerons autre chose de l'Alentéjo! La Corse entière peut-être avec ses mines d'or... Mais mon neveu n'arrive pas! on n'a donc signalé aucun bâtiment en vue de Malte! Venez-vous du fort Saint-Elme?

— Rien n'a paru, monseigneur! j'ai envoyé vers la vigie du fort Saint-Elme il n'y a pas une heure; rien sur la mer, rien à l'horizon!

— N'est-ce pas, continuait le Grand Maître, que d'Aléria est un jeune homme de belle espérance ? pas assez d'ambition c'est vrai ! mais plus tard, cela viendra ! plus tard, nous en ferons mon successeur. Non pas dans la grande maîtrise ; il ne se soucie même pas de devenir commandeur ! mais dans ma royauté de Corse. Car ce que je voudrais, c'est qu'après moi cette île ne retournât pas à l'Ordre et restât dans ma famille !

— Que parlez-vous, Monseigneur, de succession et d'héritage ? Ne vivrez-vous pas des années sans nombre ? et la pierre philosophale, cette fille du grand secret, et l'élixir de vie, qui en est la réduction, ne doivent-ils plus assurer, à celui qui aura le bonheur de les posséder, des richesses incompréhensibles, une santé inaltérable, et même, au dire de plus d'un cabaliste, l'immortalité ? Douteriez-vous continua le bailli d'Aquila et alors ce ne fut plus le courtisan, mais le maître qui parla — douteriez-vous à présent de la philosophie hermétique, cette science qui ne s'écrit pas, mais qui s'enseigne de bouche à bouche ? et parce que le siècle ignore et doute, ne voyez-vous pas dans cet aveuglement et dans cette ignorance un effet du juste jugement de Dieu qui ne permet pas qu'un secret si précieux soit connu des méchans? — Si je vous disais cependant que vous allez être plus heureux que l'empereur Rodolphe qui eut tant à cœur cette découverte et qui chercha inutilement ; plus heureux que le roi d'Espagne Philippe II, qui employa des sommes immenses à faire travailler les sages et qui ne put découvrir le grand œuvre! Si je vous disais que vous êtes au moment de tenir ce que Zozime pressentait au cinquième siècle, ce que Salomon et le fameux Paracelse ont sans doute possédé, ce que la fable entrevit et ce que l'écriture désigne, mythe, figure, emblème ou allégorie, boîte de Pandore ou toison d'or de Jason, caillou de Sisyphe ou cuisse d'or de Pythagore, veau d'or des Hébreux ou anneau de Salomon ! Que diriez-vous si je vous disais que Cyrano, qui est dans l'île de Goze, m'a fait avertir qu'il était à la veille de découvrir l'or potable ?

— Oh ! dit Pinto, je lui pardonnerais son sable noir, et je donnerais pour l'aider, si je les avais, les mines d'or qu'il m'avait promises !

— Il faut, m'a-t-il dit, que dans huit jours j'aille le trouver à Goze. — D'ici-là, le roi Théodore sera arrivé, il faut nous hâter d'en finir !

— Oui, oui, ajouta le Grand Maître, il faut nous hâter! le comte de Gabalis en écrit trop sur ce sujet, les simples commencent à voir. Vivaldi fait bien du bruit dans l'Italie ; on parle d'un comte de Saint-Germain qui court le monde; et l'on dit qu'en Sicile un jeune homme qui est natif de Palerme et qui a nom Cagliostro, fait déjà des merveilles! Oh! mon Dieu qu'un autre que nous n'aille pas découvrir le grand œuvre !

— Un autre que nous ne sait pas ce qu'il y a sous les rochers de la Corse, un autre n'attend pas le roi Théodore, un autre ne sera pas roi de son île : — Vous vivrez éternellement !

Comme le bailli prononçait ces derniers mots, l'esclave turc dont Caramamet avait parlé à Démétrius et qui était chargé, quand le moment serait venu, de trancher la tête à Dom Pinto, entrait dans le cabinet du prince pour servir les boissons glacées; et entendant ces dernières paroles il jeta sur son maître un singulier regard.

III.

Quand Démétrius eut quitté le nègre Caramamet et la maison de la vieille Juive Jacaya, il eut bientôt gagné la Florianne, et descendant par le faubourg de la Piéta, il se rendit vers le Bacha de Rhodes. Car il était l'ame et l'action de tout le complot, il fallait qu'il se rendît incessamment d'un point à l'autre et qu'il menât toute chose de front, qu'il revint au Bacha quand il avait quitté les esclaves, qu'il fût trouver les esclaves en quittant le Bacha et qu'il excitât l'ardeur de tout le monde.

— Allah! Allah! s'écriait souvent avec douleur, Mustapha le Bacha : hier encore j'étais maître de Rhodes et de sept autres îles, aujourd'hui me voilà le captif de ces chrétiens que Dieu confonde! Allah! c'était écrit! aujourd'hui moi captif, et avant moi ma fille, le seul enfant que j'aie jamais eu! moi pris avec ma galère, elle enlevée sur la mer, il y a plus de vingt années de cela, par les chrétiens maudits qui habitent Gênes! Allah! c'était écrit! la mer devait m'être fatale!

Mustapha le Bacha avait raison de se

plaindre de la mer, car il y avait perdu dernièrement sa belle galère, et, vingt ans auparavant, sa fille; mais non pas de la destinée qui l'avait conduit dans Malte, car elle lui avait peut-être fourni les moyens de livrer l'île au Sultan : et en attendant il y recevait toujours la plus honorable hospitalité.

Ce n'était pas sans peine que Démétrius était parvenu à lui faire adopter ses projets, et ce ne fut que peu à peu et par intervalles qu'il lui en développa tous les plans; ce ne fut qu'en mettant sous ses yeux les plus éblouissantes perspectives d'ambition que pût envisager un Turc, qu'il parvint à le faire entrer complètement dans ses desseins, et qu'il put enfin s'autoriser du nom du Bacha en sa présence même et devant les autres esclaves, chaque semaine, au sortir de la Mosquée.

— Lorsqu'une heureuse étoile, lui disait-il encore ce soir-là avec ses plus séduisantes flatteries, préside à la destinée, les principes s'aplanissent devant les pas, pendant le sommeil. Soyez sans inquiétude ! je suis sûr de votre étoile, car la mienne est heureuse — un sage me l'a dit — et c'est elle qui vous guidera ! c'est moi qui dois aplanir devant vos pas les précipices, s'il s'en trouve sur la route. Déjà, continuait l'esclave, vous pouvez maintenant regarder vers le but, envisager le succès et le toucher de la main. On n'attend plus que le retour d'un seul de ces chrétiens qui est en mer; et alors le jour même et l'heure sont fixés.

Puis, si le Bacha demeurait soucieux, il lui disait :

— Songez donc à votre orgueil, quand Ma-

homet * notre glorieux Sultan apprendra la prise de Malte, et à l'accueil que vous recevrez de lui. Il se dit peut-être à présent : « Il n'y a que l'île de Malte placée
» aux portes de mes meilleures provinces,
» de la Morée, de la Métélie, de la Syrie, de
» mon Archipel, qui ait fait tête aux gran-
» deurs de Soliman, un de mes pères, qui
» ait interrompu le progrès de ses victoi-
» res ! » il compte peut-être tous les tributs que les chrétiens de cette île ont volés, tous les messages qu'ils ont interceptés, toutes les galères qu'ils ont prises, tous les esclaves qu'ils ont mis à la rame et à la chaîne; il déplore la captivité de son fidèle Bacha Mustapha et s'indigne qu'on ait différé davantage le châtiment et la vengeance; et voilà qu'on vient dire à sa Hautesse : Mus-

* Mahomet V.

tapha n'est pas captif, mais vainqueur; il n'a pas perdu sa plus belle galère, car il la ramène avec une flotte; il n'est pas sous le joug des Infidèles à Malte, mais il est le maître de ce rocher maudit, et il ne reste pas pierre sur pierre de la ville imprenable qui s'y trouvait!

— Et le sultan et toute sa cour, n'est-ce pas, demandait le Bacha ravi, seront saisis de surprise et d'admiration en voyant une preuve si complète de l'habileté et du courage de Mustapha, le fidèle Bacha de Rhodes?

— Mustapha, le fidèle Bacha de Rhodes, continuait l'esclave, entrera en triomphe dans le port de Stamboul, suivi de tous les vaisseaux dont il se sera emparé en même temps que de la ville de Malte; et tout le peuple étonné accourera sur le rivage en poussant des cris de joie qui s'éleveront jusqu'au ciel.

— Allah ! fit le Bacha.

— Alors, Mustapha le Bacha descendra de sa galère suivi de tous les vrais croyans qui gémissaient en captivité dans Malte, et à qui il aura fait distribuer de superbes habits et des cafetans d'honneur. Il y aura cent esclaves qui marcheront devant lui, choisis parmi les plus nobles habitans de l'île qu'il aura conquise, et qui porteront en main, dans des bassins d'argent et même d'or, chacun un présent composé pour le sultan, des richesses les plus précieuses qu'auront rapportées les vaisseaux. Mustapha lui-même sera monté sur un cheval superbement enharnaché qui aura une selle enrichie de pierreries, les étriers en or et la bride de même.

— Allah ! oh ! Allah ! fit encore entendre le Bacha.

— Et le sultan enverra au-devant de lui tous les grands de sa cour afin d'augmenter la pompe de cette cérémonie, et quand le cortége arrivera dans le sérail, le grand seigneur lui-même le contemplera avec satisfaction, car il n'aura jamais rien vu d'aussi beau.

— Et je serai honoré, n'est-ce pas, d'un chélick en diamant *, interrompait Mustapha, voyant que Démétrius n'achevait pas, et jetant ainsi la réalité de sa question au

---

* Le chélik était une espèce d'aigrette en diamants dont le grand-seigneur ornait son turban. Il n'y a peut-être qu'un ou deux exemples d'un sultan qui l'ait détaché de son front pour en récompenser un de ses sujets. Le grand-seigneur portait cette aigrette un peu penchée, et les Turcs prétendaient qu'il ne pourrait la dresser qu'après qu'ils auraient conquis l'univers et planté l'étendard du Croissant dans toutes les parties du monde.

milieu du conte ? Je serai fait amirante de la mer ; en même temps, je resterai toujours Bacha de Rhodes, et de plus, je serai fait Bacha de Malte ?

Ainsi, pendant que le Grand Maître Manuel Pinto, dans sa causerie avec le bailli d'Aquila, se complaisait à énumérer titres sur titres, mettait la couronne fermée par-dessus le barreton, la principauté par dessus la grande maîtrise, entassait Malte sur Goze et la Corse sur Malte; Mustapha, de son côté, en écoutant son drogman, rêvait pachaliks sur pachaliks, honneurs sur honneurs, le chélik sur le turban, Malte sur Rhodes : ainsi toute ambition s'agrandissant à mesure qu'on lui donne, amoncelle Pélion sur Ossa, et, regardant toujours les cîmes, ne s'aperçoit pas de la chute du grain de sable qui doit faire crouler les bâses.

— Bacha imbécile, pensait en lui-même l'esclave, crois-tu donc que ce soit pour toi que je travaille ! Penses-tu que si quelqu'un doit jamais établir ici sa domination après les chevaliers, ce doive être toi et non pas moi !

Et Démétrius songeait à l'ascendant qu'il avait déjà sur les esclaves qui peuplaient la prison et la ville, à l'importance qui entourait déjà sa personne, à la confiance qu'il inspirait, au respect que ses compagnons de servitude lui témoignaient.

Le nom du maître était au Bacha, mais le maître c'était bien Démétrius. Cette île gardait plus d'un souvenir de Barberousse, et de quel enseignement n'étaient-ils pas? Barberousse partait d'aussi bas que l'esclave, et il en vint à se mesurer avec l'empereur; il devint chef de tous les corsaires et seigneur des mers dont ces côtes d'Afrique sont baignées ; il devint Capitan Bacha, roi de Tunis et de Tripoli ! Pourquoi donc ne serait-il pas aussi, lui Démétrius, Bacha plutôt que cet homme qui est là ? Capitan et Bey comme Barberousse ?

Mais les idées d'ambition ne venaient jamais à l'esclave que par la comparaison qu'il faisait de lui aux autres, et par l'orgueil qui en résultait pour lui. Un temps fut, quand il était éloigné de sa vengeance, où peut-être il entrevoyait par delà quelques autres horizons: mais à mesure qu'il en approchait, le but s'élargissait devant lui et devenait comme un mur infranchissable qui se serait étendu devant toutes choses. C'est là qu'il fallait parvenir en suivant mille lenteurs, en se courbant sous mille circonspections pour se relever bientôt et donner résolûment de la tête et du front contre la muraille, dûssent les ruines l'abimer ensuite! Samson qui allait ébranler le pilier du temple, décidé s'il le fallait à périr sous les débris!

LIVRE VI.

Cette croix nous a été donnée blanche en signe de pureté ; laquelle devez porter autant dans le cœur comme dehors sans macule ni tache.

Les huict pointes que voyez en icelle sont en signe des huit béatitudes que devez toujours avoir en vous, qui sont :

1. Avoir le contentement spirituel;
2. Vivre sans malice;
3. Plorer ses péchés;
4. S'humilier aux injures;
5. Aymer la justice;
6. Estre miséricordieux;
7. Estre sincère et net de cœur;
8. Endurer persécution.

(La manière et façon de donner la croix à à un frère de l'hôpital de la Religion de Saint-Jean-de-Jérusalem, tirée des Establissements et Ordonnances dudict ordre.)

I.

Quand elle eut appris d'une manière si fortuite le secret du complot, Zurbara retrouva aussitôt du courage et des forces. L'étendue du péril la ranima, la certitude du danger la fit en même temps sortir de son accablement mortel. Elle connaissait assez Démétrius pour être certaine que de telles menaces de sa part et un complot formé par lui n'étaient pas choses vaines; et elle se releva ayant désormais dans sa vie un but. Elle qui avait voulu mourir demandait maintenant de vivre, de vivre jusqu'au retour du chevalier d'Aléria.

Car il était parti! maintenant elle le savait! comment n'en avait-elle pas eu plus tôt la pensée? quelque voix secrète le lui avait un jour crié, elle s'en souvient; et quand elle demeura assise à la même place ce jour-là sur le parvis, immobile quand elle perdait tout, le chevalier se rendait donc ainsi, lui, vers le port, en buffle et en bottes, et s'embarquait sur quelque galère sans doute! Malheureuse qu'elle se trouve de ne l'avoir pas su! elle aurait couru, elle aurait eu peut-être son dernier regard,

Parmi les oiseaux du ciel il y en a qui sont voyageurs ; heureux ceux qui s'envolent en même temps et qui voyagent de concert ! heureuse si elle eût pu suivre de l'œil les derniers apprêts du départ ! et si le chevalier d'Aléria s'est retourné vers la ville, s'il a cherché quelque présence sur le rempart, s'il lui est venu dans la pensée quelque vague intention d'adieu : elle qui ne s'est pas trouvée là ! mon Dieu, quel bien perdu !

Une autre fois déjà elle a vu le chevalier d'Aléria partir. Il y a de cela plus d'une année. Ce jour-là ce fut la première fois qu'elle le vit. Mais il fut bien long-temps sans revenir. Elle entendit alors, on le disait autour d'elle, que c'étaient des chevaliers qui partaient pour leur caravane.

Elle n'a jamais oublié ce départ. La mer

était couverte d'une infinité de barques, et les murailles et les fortifications de la ville remplies de spectateurs. Le port retentissait de tous côtés du bruit des canons des forts auquel répondait celui des galères et des galiotes qui sortaient du hâvre. L'écho répétait tout ce bruit avec une force qu'elle trouvait surprenante, et tout cet appareil lui produisait un effet qu'elle n'avait jamais connu.

Il y avait sur chaque galère environ trente chevaliers faisant pendant tout le chemin des signes à leurs maîtresses qui pleuraient sur le rempart. Un seul ne recevait ni n'échangeait d'adieu, il était jeune et triste; il regardait du côté de la mer plutôt que de celui des murs. Tant qu'elle put le voir, elle n'en put détacher les yeux. Oh! celui-là, depuis ce temps, elle l'a toujours aimé. Il fut six mois hors de l'île et tant que dura son absence, elle eut toujours son souvenir demeurant comme une pénate dans son cœur.

Six mois, comme ce fut long! maintenant tardera-t-il autant? Mais depuis une année tous les jours de sa vie n'ont-ils pas eu leur attente et quelle fut l'attente de chaque jour? Un regard de lui et sa présence! Au lieu de l'accablement mortel de ces journées qu'elle a connues, voici maintenant que les siennes vont avoir leur excitation et leurs impatiences. Puisqu'il doit revenir, — oh! qu'il revienne bientôt! — qu'elle soit la première à le voir, la première à se mettre sur son passage, qu'elle lui dise : prenez garde à votre vie! et ensuite qu'elle meure s'il le faut, sa tâche sera remplie.

A partir de ce moment, Zurbara se rendait le matin à l'éperon du fort Saint-Elme, d'où la vue domine au loin sur la mer, et saisit en même temps l'entrée des deux ports. Elle y restait jusqu'à la nuit venue et alors elle s'en retournait pour être encore là le lendemain à l'aube du jour. Pas une vigie du fort ne fut plus exacte à son poste que la pauvre Morisque à celui qu'elle s'était choisi. Que de fois ses yeux ne se sont-ils pas arrêtés de l'autre côté du port, sur les murailles blanches du fort Ricasoli et sur leurs batteries à fleur d'eau dont les canons saluent le retour des galères ! Que de fois et pendant combien de jours n'a-t-elle pas regardé cette mer bleue des côtes de Malte, qui ne retrouve de ce côté pour horizons que ceux de la Sicile ! Que de fois ses yeux n'ont-ils pas suivi la marche du soleil dans le ciel, depuis le moment où il se lève sur les flots jusqu'à celui où il va bien loin, là-bas, se coucher dans les reflets pourprés du soir, du côté des îles Lampedouze et Pantalérie ! (22)

Jeune homme qui êtes parti, vous avez emporté bien des tendresses de son cœur, bien de vagues regrets d'amour, et bien des pensées qui vous chérissent en caressant votre souvenir ! peut-être lui viennent-elles comme un lointain échange des vôtres ; peut-être existe-t-il à travers l'espace de mystérieuses sympathies ; et pour deux ames qui allaient s'aimer et qu'on a séparées, peut-être y a-t-il quelque mutuelle douleur qui revient communicative aux mêmes heures !

Assise et regardant la mer elle se berce de pensées toujours les mêmes et elle laisse aller son esprit à leur contemplation monotone et lointaine, en même temps que sa vue se perd sur les eaux. Il est là-bas, mais il reviendra! Osera-t-elle jamais s'arrêter devant lui, ouvrir les lèvres en sa présence et lui parler! Quand il la verra, il aura peut-être quelque bonne parole pour elle; mais peut-être aussi, en la revoyant devant lui, n'aura-t-il aucun souvenir d'elle qu'il ait gardé. Elle aura fait comme ces pêcheurs qui attachent au cou des oiseaux, quand ils s'abattent sur leurs grèves, quelques marques de leur passage; et quand ceux-ci viennent à reparaître une autre fois avec ces marques, qui se réjouissent de leur retour comme d'un présage de bonheur: elle aura fait comme ces pauvres pêcheurs maltais, elle aura placée toute sa tendresse, en signe qu'elle voulait revoir, autour du voyageur; mais le signe n'était pas ineffaçable, elle n'aura pas le favorable présage, elle ne retrouvera pas au retour attendu la marque heureuse qu'elle avait cru laisser.

Il arrivait d'autres fois, quand elle s'arrachait à sa rêverie et qu'au lieu de regarder du côté de la mer elle se retournait vers la ville, il arrivait qu'elle éprouvait mille terreurs. Les menaces de Démétrius devenaient palpables devant ses yeux. Il lui semblait entendre des clameurs qui s'élevaient de la prison des esclaves, ouïr la rumeur de la ville ainsi surprise pendant son repos du milieu du jour, plus profond dans cette saison brûlante que celui de la nuit ; elle s'imaginait voir les esclaves révoltés se ruant par la cité, forçant le palais Magistral et se distribuant des armes. Mais toujours au milieu de cette attaque furieuse, de ce bouleversement inouï, péril de tous qu'elle oubliait, il y avait une vision qui concentrait à elle seule toutes les angoisses de son cœur : deux hommes, en face l'un de l'autre, immobiles au milieu du renversement de tout, comme les statues de marbre de quelque palais au milieu des lueurs ardentes d'un incendie ; Démétrius en arme et son affreuse vengeance en suspens, d'Aléria désarmé, impassible dans son ordinaire tristesse. Alors elle se levait éperdue, elle regardait de la ville vers la mer, elle aurait voulu s'élancer, avoir des ailes pour aller jusqu'aux limites lointaines, et quand la galère du chevalier viendrait, lui crier : prenez garde à votre vie!

La nuit venue, elle descendait dans la ville. Elle se trouvait tranquille désormais jusqu'au lendemain ; une galère, elle le savait, n'entrerait pas dans le port pendant la nuit, elle saluerait au matin de son canon de coursier et de ses mousquets, les batteries de la rade et du port; et puis, elle en était sûre, la porte de la marine, comme les deux autres de la ville, était fermée chaque soir et les clés portées au Palais. Heureuse du moins d'ignorer pour son repos qu'un Scampavia pas plus qu'un Spéronare n'était astreint au salut des galères, que d'Aléria était parti sur un spéronare, et que pour le neveu du Grand Maître chargé d'une mission secrète, les portes la nuit pouvaient bien s'ouvrir.

Elle allait donc par la ville se surprenant à l'admirer si calme et si paisible. Elle-même, à ces heures-là, sentait quelque gaîté lui revenir au cœur; déjà même les places et les carrefours avaient revu Zurbara la Morisque, la belle danseuse, reparaître et danser. Nul auparavant ne s'était étonné de ne plus la voir, nul à présent ne s'étonna de la revoir. Venait-elle de la Sicile ou de l'Espagne? Arrivait-elle de chez les Barbaresques, de Maroc ou de Tripoli?

— Holà! belle fille, qui dansez si bien, fait-il aussi chaud vers l'Etna, d'où vous venez, que sous notre soleil de Malte, en ce beau mois de juin? Ou bien : — Que se dit-il à Tunis?—Voit-on toujours au haut des tours de Maroc les trois pommes d'or d'un prix inestimable?...

— Oui! et elles y sont si bien gardées par un enchantement, répondait-elle en écartant du geste ceux qui voulaient l'approcher de trop près, que les rois de Fez n'y ont jamais pu mettre la main!

Enfin, un soir qu'elle avait mis sa plus

belle parure, et qu'au milieu d'une grande foule assemblée elle allait commencer à danser au Carrefour de San-Mattéo; le majordome du seigneur Claude de Rouvroy-Saint-Simon *, qui était dès-lors pilier de la langue de France, vint jusqu'à elle et lui dit de le suivre, car on la demandait pour qu'elle dansât à l'Albergo de France, où il y avait grande chère ce soir-là.

* Claude de Rouvroy de Saint-Simon-Sandricourt, commandeur en 1740, puis bailli et ambassadeur de l'Ordre en France.

II.

L'Albergo, ou plutôt le palais de France, était situé dans la strada Mezzodi. Il ne faisait groupe avec aucun autre, ainsi que les palais d'Allemagne et d'Aragon, qui regardaient ensemble par-dessus le bastion du Salvador, à l'autre extrémité de la ville, les eaux du port Marsamuschet; ou comme ceux de Castille et d'Italie, qui se tenaient, en regard l'un de l'autre, sur la place et devant la chapelle de Notre-Dame-de-Victoire. Il n'avait pas non plus une pompeuse façade comme celle que le palais de la Langue de Provence, sur la même ligne que l'Albergo d'Auvergne, étalait dans la strada Maestrale; mais chaque chevalier d'un des trois prieurés de Champagne, d'Aquitaine et de France, qui ne voulait ou ne pouvait tenir maison, y trouvait un commode logement, et les appartemens, où se réunissaient, aux différentes heures de la journée, les chevaliers de la langue de France, n'étaient pas sans grandeur et sans magnificence.

Malte était alors un abrégé de l'Europe, et cet assemblage de chevaliers, qui tenaient aux plus nobles familles de chaque royaume, devenait pour les plus jeunes une académie de point d'honneur, de politesse et de belles manières. Les commandeurs et les anciens chevaliers avaient tous l'air du grand monde; et le caractère, les préjugés, les usages de chaque nation, s'adoucissant au contact journalier, et cependant conservant toujours la nuance qui leur était propre, ne gardaient dans ce mélange de tant de natures que ce qu'il y avait de meilleur et de plus généreux dans chacune. D'ailleurs tous avaient devant les yeux, pour but d'avenir, les honneurs de l'Ordre; et comme ce n'était que l'estime et l'amitié des autres qui pouvaient les aider dans leurs vues, les âges opposés, les nations émules, les caractères différens se trouvaient, à Malte, ce qu'il eût été impossible de voir autre part, réunis et liés, à moins de quelque rare circonstance, par les nœuds de l'urbanité et de la politesse la plus affectueuse.

Cependant, comme le plus grand nombre se composait de jeunes chevaliers qui venaient dans l'île accomplir leur temps de résidence, les uns sortant de page, les autres arrivant tout jeunes encore de leurs provinces éloignées ; il se faisait que jetés là, dans ce brillant creuset de Malte, au moment où les passions se mettent en fusion, tous leurs instincts de jeunesse s'excitaient de la jeunesse des autres, toutes leurs sensations s'exaltaient du bruit qu'ils entendaient autour d'eux. Dans une île qui se réduit en quelque sorte à la ville même; dans une ville où ils devenaient maîtres, qui, pour eux, s'éveillait guerrière le matin dans l'apprentissage des armes, et qui s'endormait oisive le soir, tous ses balcons ouverts; sous un soleil plus qu'italien et presqu'asiatique; au milieu de ces mers que la voluptueuse gentilité consacra à Vénus, et de cet air où s'entendait jadis le chant des fabuleuses syrènes, il arrivait que le séjour de Malte exerçait d'enivrantes influences sur les jeunes chevaliers.

Ils étaient venus dans l'île avec les candides et lointaines traditions de la famille, et voilà que le courant tumultueux où les commandeurs qui tenaient maison jetaient à pleines mains richesses de l'Ordre et opulens patrimoines, les entraînant par ses pentes faciles vers toutes les séductions du jeu, de la table et des femmes, les reportait bientôt à d'autres rives, où les premiers aspects ne se retrouvaient plus.

Ainsi, les jeunes Romains se rendaient autrefois au Capitole encore adolescens, et s'en revenaient avec la robe virile. Transition inaperçue, car elle s'accomplissait dans Malte sans Capitole et sans offrande aux dieux : première frondaison de jeunesse qui tombait à terre faute de boîtes d'or qui la recueillissent ; premiers bruissemens du cœur qui s'étouffaient sous les clameurs de la fête; première altération de l'âme, premiers ravages du front qui se voilaient sous les rougeurs du festin; premiers rêves, candides aspects, chastes effusions qui jetés dans la coupe du banquet disparaissaient au fond des dissolvantes délices ; perle de Cléopâtre perdue qui valait à elle seule plus de sept cent mille sesterces!

Ce soir-là donc il y avait grande chère au palais de France. C'était pour fêter le jeune chevalier de Carros * qui venait d'être nommé à la commanderie de Pont-Charmet. Il y avait long-temps que l'on tenait table, ainsi qu'il se pouvait voir à la flamme des bougies qui se faisait plus lente et au bruit des conversations qui se faisaient plus hautes.

— Chevalier d'Aléria, criait le commandeur de Pont-Charmet, je bois à votre santé et à votre heureux retour de la nuit dernière, vous êtes venu bien à point pour la fête et vous avez bien fait, car sans vous je l'aurais trouvée moins bonne!

— Commandeur de Pont-Charmet, s'écriaient en même temps plusieurs voix, nous buvons en attendant les vins de Languedoc que vous nous enverrez, nous buvons ce vin de Chypre à votre santé!

* Pierre de Blacas-Carros, reçu le 24 août 1723, depuis bailli.

Dans cette grande salle qui était ornée de portraits des derniers Grands Maîtres et d'autres tableaux peints par Joseph d'Arpino, et qui ne conservait des anciennes institutions que le sujet austère des peintures, il y avait un bourdonnement de voix confus qui montait jusqu'aux plafonds et planait sur toute la table.

— Par Saint-Augustin dont nous suivons la règle, disait le chevalier Hyacinthe de Rabastens *, qui avait peine à se faire entendre au milieu du bruit, et par l'office que nous avons entendu ce matin, nous voici silencieux comme des Chartreux au réfectoire! si vous continuez ainsi, il faudra faire la lecture!

Personne ne l'écouta.

* Jean-Hyacinthe de Rabastens; page le 17 août 1746, depuis commandeur.

—Ah! vous me mettez au défi? Paquito, dit-il au camérier de salle qui était derrière lui, donne-moi un de ces livres qui sont là-bas!

Le serviteur qui était comme tous ceux de l'Albergo à la grande livrée de la maison de Rouvroy-Saint-Simon, s'en alla prendre sur un des rayons du fond, parmi des recueils de statuts et d'ordonnances qui s'y trouvaient placés, un volume qu'il apporta au chevalier de Rabastens. Celui-ci tint quelque temps le livre devant ses yeux comme un aveugle qui voudrait lire, mais tout-à-coup :

— Silence, Messieurs! fit-il si fort qu'enfin on l'écouta, silence! voici du saint Bernard!

— Silence, répétèrent ses voisins! silence donc! — Et s'adressant directement à un gros commandeur qui ne faisait que rire et boire : — Attention, commandeur de Lancosme! * c'est à vous que cela s'adresse! du Saint-Bernard!

— Du Saint-Bernard! répondit en se retournant et en tendant son verre le gros commandeur, du Saint-Bernard! je ne connaissais pas celui-là! je croyais que les neiges seulement....

— Ah! vous croyez que c'est une nouvelle sorte de vin! interrompirent les autres en riant de tous leurs rires, cette fois vous n'en remplirez pas votre verre! ce n'est qu'une citation que Rabastens veut lire!

Cependant celui-ci lisait :

* Louis-Alexandre de Savary de Lancosme, 11 janvier 1728, alors commandeur, depuis bailli.

— Messieurs, avait-il dit, c'est de nous dont il s'agit, il est bon de vous le dire? écoutez Saint-Bernard! « Ils vivent, ces
» chevaliers, dans un société agréable,
» mais frugale, sans femmes, sans enfans,
» et sans avoir rien en propre, pas même
» leur volonté; ils ne sont jamais oisifs, ni
» répandus en dehors, et quand ils ne mar-
» chent pas en campagne et contre les Infi-
» dèles, ou ils raccommodent leurs armes
» et les harnais de leurs chevaux, ou ils
» sont occupés dans de pieux exercices par
» les ordres de leurs chefs. Une parole in-
» décente, un ris immodéré, le moindre
» murmure ne demeurent point sans sé-
» vère correction. Ils détestent les jeux de
» hasard; ils ne se permettent ni la chasse
» ni les visites inutiles; ils rejettent avec
» horreur les spectacles, les bouffons, les
» discours ou les chansons trop libres; ils

» se baignent rarement, sont pour l'ordi-
» naire négligés, le visage brûlé par les ar-
» deurs du soleil et le regard fier et sévère... »

Le chevalier de Rabastens ferma le livre en prenant l'attitude indiquée par le saint abbé.

— Oh! fi donc, s'était récrié avant les derniers mots un chevalier tout pâle et tout mince qui avait toujours un parler exquis et relevé, des airs penchés, des bagues à tous les doigts et les cheveux poudrés à frimats, fi donc! ne nous baigner jamais! Quelle horreur et quelle calomnie! nous sommes assez près voisins des Turcs, Dieu merci! et il fait assez chaud dans cet horrible pays pour que nous connaissions le mérite et le prix des ablutions!

— Par Saint-Jean-Baptiste, notre bienheureux patron qui passa sa vie dans l'eau du Jourdain! disait un autre, en regardant vers l'extrémité opposée de la table, voyez-les donc là-bas! Je donnerais vingt écus maltais pour savoir ce qui les fait tant rire!

C'était le chevalier César de Rofidal qui contait une étourdissante histoire.

— ..... Et nous nous trouvâmes, disait-il, si complétement ivres, après notre repas dans cette hôtellerie de Santa-Lucia, qu'à force de chanceler et de tomber les uns sur les autres, nous imaginâmes que nous étions en pleine mer.....

— Oui! oui! c'est comme cela à la première caravane, n'est-ce pas, Bélestat?

— ..... Nous vînmes à penser que nous étions en pleine mer assaillis par une tempête et nous finîmes par nous croire dans le danger le plus prochain de périr.

Alors nous décidâmes que la seule manière de sauver notre vie était d'alléger la galère, et d'un commun accord...

— Chevalier! chevalier! vous exagérez!

— ..... Nous jetâmes par les fenêtres d'abord la vaisselle et ensuite les autres meubles qui étaient fort riches, au grand contentement de la populace, vous pouvez me croire! et nous ne cessâmes qu'après que la maison fut entièrement nue....

— Cela s'appelle jeter la maison par les fenêtres! s'écria transporté de joie le vieux commandeur d'Esparbès * qui se souvenait encore du bon temps.

— Mais ce que je ne dis pas et ce qu'il y a de meilleur, continuait le chevalier de Rofidal, c'est que l'hôtellerie de Santa-

* Etienne d'Esparbès de Lussan, reçu chevalier le 11 août 1704.

Lucia a changé son enseigne et s'appelle aujourd'hui l'hôtellerie de la galère! à cause de nous, messieurs, et de notre mal de mer!

— Oh! c'est à payer pour le voir, s'écriait l'un!

— Chevalier de Rofidal, s'écriait l'autre, un peu de ce vin, pour faire passer le goût d'eau de mer! — Chevalier de Rofidal, vous auriez dû me prévenir, j'aurais été de votre caravane! — Vous! qu'auriez-vous été faire dans cette galère? — Mais quelle divertissante idée vous avez donc eu là! — Et l'hôtelier? pas mal en vérité! — Le manant en fera sa fortune! — Et son enseigne, vous le verrez, fera le tour du monde.

— Pour la fortune, je vous en réponds, car il nous a fallu payer trois fois la valeur...

Et la fin de la phrase du chevalier de Rofidal se perdait dans le bruit au milieu duquel on entendait Sébastien de Bélestat et Octave de Galéan interpeller avec des plaisanteries et des rires un jeune chevalier de leur âge et de la langue de Castille qui se trouvait en face d'eux.

— A quoi pensez-vous donc, chevalier de Castilho ? vous êtes là rêveur comme un amoureux et d'aussi triste visage que ce pauvre chevalier Bernardin de Mendosse, dont parlent les chroniques, et qui fut condamné à recevoir des coups d'escorgées ou la discipline autant de fois qu'il plairait au Grand Maître !

— Oui, oui ! il est amoureux, répondait son voisin Isidore de Malard, * il me

* Augustin-Louis de Malard, page le 4 février 1748, depuis commandeur.

contait tout-à-l'heure qu'en la ville d'Estremos qui est dans son pays, il y a une jeune fille nommée Flor-de-Roses.....

— Et moi je vous conterai, interrompit le chevalier de Bélestat, qu'en un pavillon qui est dans cette ville et dont vous savez le nom, il y a une certaine signora nommée Gaëtana, dont je voudrais bien.....

— Silence, firent ses voisins, ne voyez-vous pas là-bas, à la droite du seigneur de Rouvroy Saint-Simon, notre honorable pilier, ne voyez-vous donc pas le vieux bailli d'Aquila ?

— Oui, oui, je le vois ! et je vois aussi que sous prétexte que le vin s'y tient plus frais, il s'est fait donner un gobelet de vermeil ! mais c'est pour qu'on n'aperçoive pas que son verre est toujours vide.

— Et c'est pour mieux entendre et pour mieux voir sans doute qu'il tient ainsi son verre toujours vide, dit également à voix basse Octave de Galéan; et c'est à cause de cela, n'en doutez pas, que le Grand Maître qui n'est nulle part connaît si bien ce qui se dit et ce qui se fait partout. Messieurs qui ne buvez pas, reprit-il plus haut et s'adressant de ce côté, le vin du palais de France n'est-il pas assez bon, ou la neige de l'Etna, n'est-elle pas assez fraîche?

A ce mot de neige, il y en eut un qui se prit à dire : Que mieux vaudrait à Malte une famine de blé qu'une disette de neige. — Un autre : que les malades par une disette étaient plus heureux que les gens en santé, car lorsqu'on était sur le point de manquer de neige on réservait uniquement pour l'hôpital de Saint-Jean, ce qui restait encore dans les glacières.

— Monseigneur l'évêque de Catane, murmura aussi le vieux bailli Pignatelli, retirera cette année, tant il fait chaud, plus de vingt-cinq mille livres de la vente de ses neiges !

— Le vin de France est bon, s'écriait de sa petite voix le chevalier qui avait tant de bagues aux doigts, la neige qui nous vient de Sicile est fraîche! Esclaves, dit-il en se renversant, apportez-nous des roses !

En ce moment les esclaves du palais entraient qui apportaient non pas les roses antiques de Pestum, mais selon l'usage de l'Orient, des cassolettes où brûlait du bois d'aloës; tandis que d'autres tenant entre les mains des aiguières et des bassins de vermeil pour l'eau de senteur donnaient à laver aux chevaliers.

Au même moment parut derrière tous et seul, un esclave. Celui-là avait en main une sorte de mandoline turque.

— Le chanteur! la musique! la danse! s'écria-t-on de toutes parts.

Démétrius promena lentement les yeux autour de cette salle remplie de tant de joyeuses clameurs et de cette table splendide entourée de tant de convives heureux; calme et fier il sembla compter les têtes.... Et tout aussitôt s'accompagnant de l'instrument, il commença :

> Quand au monde c'est fête,
> Et qu'un beau jour s'arrête
> Rayonnant dans les cieux;

Quand il semble que des Génies
Chantent dans l'air des harmonies,
Et que vers des joies infinies
Le cœur s'élance radieux :
Oh! laissez en transports, laissez toute votre âme
S'épanouir !
Vous devez assez tôt voir la céleste flamme
S'évanouir !

— Que dites-vous de la céleste flamme, commandeur ? A-t-il fait assez chaud aujourd'hui ?

Celui à qui s'adressaient ces paroles tourna un regard de désespoir vers les croisées ouvertes par où venait cependant l'air plus frais de la nuit. Mais il répondit à voix basse :

— Écoutez-le donc ! Ne vous semble-t-il pas que cet homme a la voix fort belle ?

Quand de vagues images
Traversent les nuages
Comme un enchantement ;
Quand on croit voir des ombres chères,
Sur les vents du ciel passagères,
En divins rayons de lumières
S'en aller dans le firmament :
Oh ! laissez en transports, laissez toute votre âme
S'épanouir !
Vous devez assez tôt voir la céleste flamme
S'évanouir !

Quand la voix adorée
Doucement murmurée
N'a plus que des soupirs ;
Et qu'aux horizons qu'on ignore
Une clarté qui semble éclore,
Reflet perdu qu'on rêve encore,
S'entr'ouvre au ciel en souvenirs :
Oh ! laissez en transports, laissez toute votre âme
S'épanouir !
Vous devez assez tôt voir la céleste flamme
S'évanouir !

Il se tût, mais le gros commandeur qui n'avait fait que rire et boire, élevant la voix dès que Démétrius eût fini.

— Ami, dit-il, quelles balivernes nous chantes-tu là? Nous prends-tu pour des Templiers qui portaient la croix rouge, au lieu que nous avons, nous, sur la poitrine, la candeur de notre croix blanche? Ne vois-tu pas que la nôtre a huit pointes qui signifient netteté de cœur, pureté d'esprit...?

Le commandeur s'arrêta, car sa mémoire s'obscurcissait, et il n'aurait pu continuer l'interprétation des huit béatitudes.

— Esclave, lui cria François-Régis de Grimaldi, * tu as une figure sombre qui semble malséante et comme un reproche

* Reçu en 1726.

au milieu de nous ! Parle, maintenant que tu ne chantes plus ! As-tu quelque prophétie à nous jeter à travers la fête après ton refrein de mauvais augure? et par la Grimalde, cette brave galère qui était à mon grand-oncle, serait-ce que notre joyeux aspect te semblerait de fâcheux présage?

Démétrius avait tenu jusque-là le regard direct et impassible, mais à cette interpellation et quand il lui fallut répondre, il baissa les yeux.

— Dieu est content, dit-il, quand l'homme est heureux ! Jouir, c'est obéir.

Au même moment, on entendit le bruit de quelques coups frappés en cadence sur un tympanon, et d'une porte ouverte au fond de la salle, la Zurbara traversant en deux bonds tout l'espace qui demeurait libre dans une zône plus sombre, s'élança dans la partie lumineuse et s'arrêta.

Les épaules nues, le corsage et la robe tout étincelants de mille paillettes, des bracelets à ses bras nus, et à son cou de pareils colliers faits avec le corail qui se pêche à Trapani, des sequins autour du front luisans comme des étoiles, des sequins et du corail dans les longues nattes de ses cheveux noirs, Zurbara la danseuse était belle à ravir.

Bien belle! car les vieux baillis eux-mêmes n'en purent détacher les yeux et demeurèrent en contemplation.

Au premier regard elle vit tout et ne vit rien. Mais quand elle releva les yeux une seconde fois, alors ils tombèrent d'aplomb sur un chevalier qui était en face d'elle.

C'était le chevalier d'Aléria.

En ce moment elle dût mourir. Sa tête et ses bras s'affaissèrent ; et quand son cœur battit de nouveau, ce fut avec tant de force, qu'il lui fallut y porter la main pour en comprimer les mouvemens. Cette attitude de la pauvre fille fut prise pour un salut. Mille applaudissemens éclatèrent pour tant d'humbles et de si charmantes grâces.

Cependant Jacaya agitait en l'air le tympanon, sorte de cercle en cuivre avec des anneaux de métal qui s'entrechoquaient, et recouvert d'un parchemin exactement tendu sur lequel la vieille Juive, accroupie à quelques pas de Zurbara, tantôt promenait le pouce en suivant la courbure du cercle, tantôt frappait en mesure avec la paume de la main. Enfin Zurbara éleva les bras comme font avec leurs ailes les jeunes tourterelles prêtes à s'envoler et elle se mit à danser.

Taille souple qui se renverse et se ploie! bras frémissans qui s'étendent! petits pieds qui se courbent sur la pointe, et puis qui s'essaient indécis et puis qui volent et ne touchent plus la terre! blanches mains qui s'entr'ouvrent mourantes et qui déploient leurs caresses! tête enivrée qui se penche! yeux noirs dont on aperçoit la flamme! aérien flocon qui tournoie! apparition, vision ou rêve! amour, délire, volupté!

Elle dansa comme dansaient les almées en Égypte, comme dansaient les gitanes en Espagne, comme dansent sans doute les fées sur quelque nuage de l'air...

Tout-à-coup elle enleva le tympanon des mains de Jacaya et faisant rapidement le tour de la table, en le tendant vers chaque chevalier, écus d'or de Malte, louis de France, doublons d'Espagne y tombèrent; mais elle arriva jusqu'à d'Aléria.

— Demain matin, laissa-t-elle glisser à son oreille, demain matin à la première heure du jour sur le parvis de Saint-Jean! car il y va de votre vie !

Pas un des convives ne vit le mouvement de ses lèvres, pas un d'eux ne s'aperçut même que le chevalier d'Aléria rougissait excessivement.

Mais Démétrius du fond de la salle vit la Morisque se pencher vers le chevalier et ses mains s'en crispèrent de douleur et de rage; Puis il sortit du palais de France, car il était attendu ce soir-là au pavillon Lascaris.

LIVRE VII.

D. O. M.
Fr. Johannes Paulus Lascaris M. M.
Absolutis externis urbis munimentis
Ad ejusdem ornatum, publicum commodum,
Animique levamen,
Superiores hortos irriguis aquis
Per tubos conductis
In fontes amœne scaturientibus
Suâ impensâ excitavit :
Hic in saxo viam aperuit,
Veterem ampliavit,
Littoralem in mari
Longissime protendit ac stravit,
Congestâque mole,
Extinctam pene hujus beneficii memoriam
Sacra hierosolymitana Religio
Denuò ornavit et sculpsit
Anno MDCLXXVIII (1).

(Inscription recueillie à Malte.)

(1) A Dieu, très-bon, très-grand. — Frère Jean-Paul Lascaris, Grand-Maître, ayant achevé les remparts extérieurs de la ville, pour l'ornement de la cité, l'utilité publique, et l'agrément de ses loisirs, vivifia les jardins en terrasses, en y amenant à ses frais, au moyen de conduits, des eaux qui formèrent d'agréables fontaines jaillissantes ; ouvrit un nouveau passage dans le rocher, élargit l'ancien, prolongea fort loin le quai vers la mer et le mole étant achevé, c'est en mémoire de ce bienfait presque oublié que la sacrée Religion de Saint-Jean a gravé cette inscription l'an 1678.

1.

Le pavillon Lascaris était situé au-dessus de la porte de Marine, à cet endroit où les remparts de la ville avaient laissé en dehors une saillie de rochers qu'ils n'enfermaient pas dans leur enceinte. Dans une île comme celle de Malte où l'industrieuse culture sait rendre la pierre même productive, un pareil emplacement ne devait pas être longtemps dédaigné.

Aussi quand le Grand Maître Pierre de de Monté eût pris possession de la ville que La Valette venait de faire bâtir, et qu'au lieu de fixer sa résidence à l'endroit marqué par le fondateur, il l'eut établie dans la maison qu'Eustache de Monté avait fait construire au milieu de la cité; après que son successeur y eût fait élever le palais qui fut depuis celui des Grands Maîtres : il arriva que l'un d'eux s'y trouvant privé de jardins libres et d'ombrages, jeta les yeux sur la saillie de rochers que le rempart laissait en dehors de ses contours. Bientôt des terrasses s'y détachèrent par étages taillées dans le roc même, des terres végétales y furent transportées de Sicile, des eaux détournées de l'aqueduc Vignacourt jaillirent de bassins en alabastride de Goze; plus tard les orangers, les citroniers, le cinnamome et l'aloës y déployèrent leurs branches; les jasmins d'Anatolie, les résédas d'Égypte, les rosiers de l'île de Rhodes y fleurirent de mille fleurs; un petit palais de plaisance perdu dans cette oasis de parfums baigna ses pieds dans l'eau du grand port; et encore aujourd'hui une pierre de l'architrave gisante à terre, parmi les feuilles de cactus et d'achante, parmi les grappes de poivriers et les sullas sauvages, et qui porte en écusson les armoiries de l'Ordre écartelées de l'Aigle éployée de sable, atteste que le Grand Maître, Jean de Lascaris, fut celui qui voulut se faire de cet endroit un lieu de retraite, de repos et de fraîcheur (32).

Quelle demeure mieux que celle-là l'hospitalière courtoisie de Dom Pinto pouvait-elle offrir à une femme qui fût venue visiter l'île ? de l'ombrage et des fleurs ; un pavillon qui s'avance au milieu des eaux du port comme une galère à l'ancre ; la plus belle vue du monde, soit que l'on regarde le château Saint-Ange et la cité Vittoriosa qui sont en face, les faubourgs de la Sangle et de Burmola avec leurs églises et leurs défenses ; soit que jetant les regards à droite et à gauche, depuis le mont Corradin jusqu'au fort Ricasoli, l'œil saisisse toute l'étendue du grand port avec ses embranchemens et ses anses.

Quoi de mieux pour une femme que ces appartemens simples et commodes où l'élégance savait faire oublier la richesse ? — La nuit était avancée, et dans un salon de forme ovale les bougies brûlaient encore aux bras dorés de candélabres capricieusement tordus; sur la soie des tentures rose et pâle comme la fleur des pêchers, sur les rideaux fermés des balcons, de fantastiques oiseaux de la Chine semblaient s'envoler en chantant, et des arbres inconnus, des fleurs à reflets d'argent étalaient leurs feuilles bizarres et leurs dessins étranges; de grands vases venus du Japon répétaient çà et là dans de hautes glaces plus limpides que la lumière du jour leurs reflets mélangés de bleu, de rouge et d'or; et des meubles de toutes formes s'enfonçaient dans les embrâsures, se contournaient suivant les inflexions des lambris ou reposaient complaisamment épars leurs pieds dorés sur les palmes et les arabesques de tapis venus de Smyrne.

Vers le fond, sur des coussins de brocard empilés à la manière de l'Orient, était assise une femme qui semblait une habitante créée à souhait pour compléter les merveilles de ce séjour dont elle avait concentré en elle-même toutes les perfections, recherche et grâce, beauté, parfums. — Elle était vêtue du plus galant déshabillé du monde avec des nœuds de rubans de couleur nacarat, et les pieds dans de petites mules à talons rouges; elle avait les cheveux ramenés vers le sommet de la tête, comme on voit les jeunes déesses antiques, et ils y étaient retenus par une escarboucle; elle avait autour du cou un esclavage en perles au lieu du carcan que l'on portait alors : elle était belle d'une beauté étrange et fulgurante.

Ce qui frappait le plus, et le commandeur de Farfara le répétait encore long-temps après, c'était sa peau d'une éclatante blancheur : du reste ses cheveux étaient de cette couleur jaune et dorée avec des tons sombres et presque fauves qui ne couronne jamais qu'une nature d'élite, qui ne se produit que rare et presqu'introuvable, que Titien a donnée à sa belle maîtresse et que d'autres ont consacrée dans leurs tableaux à la tête divine. Ses grands yeux d'une flamme claire irisée de feu avaient des lueurs changeantes et des attractions comme ceux des serpens ; et ses formes joignaient aux contours onduleux des sérails quelque chose des hardiesses de la Rosmunda, la belle courtisane vénitienne qui ne venait que de repartir.

A ses pieds il y avait un jeune chevalier vêtu de noir, comme tous ceux de l'Ordre devaient l'être dans l'île; comme le sont ordinairement dans les portraits de Van-Dick ces beaux jeunes cavaliers qui ne ressortent sur le fond sombre que par leurs dentelles et leur pâle visage et presque toujours par quelque blanche main dégantée. Celui-là avait aussi de blanches dentelles, un pâle visage et de blanches mains. Ses cheveux qui ne portaient pas la poudre ainsi que s'en dispensaient dans Malte, à cause de l'excessive chaleur, les plus jeunes chevaliers, légèrement rejetés en arrière, laissaient à découvert les perfections du front et des tempes. Mais vainement eût-on cherché parmi ceux d'Allemagne ou de Castille, parmi ceux de France, d'Italie ou d'Aragon, par la ville et dans les palais des sept langues le nom du chevalier que Gaëtana contemplait avec tant de ravissement.

— Oui, vous êtes beau! dit-elle enfin, vous êtes beau ainsi vêtu comme un chevalier, jeune et charmant que vous êtes! vous êtes noble sous la soie comme sous la cape, votre céleste empreinte ne peut mentir! il y a quelque chose en vous d'une distinction native qui se révèle et qui resplendit malgré tout. Non, non, ce n'est pas un esclave que j'aime, c'est quelque magnifique et noble nature que le vulgaire ignore. Moi, j'ai reconnu l'or sous l'enveloppe étrangère ; j'ai deviné sur votre front l'origine ineffaçable et faible que je me suis trouvée devant vous, j'ai obéi à vos supériorités.

Elle posa par une lente caresse sa main sur le front et dans la chevelure du jeune homme.

— Oh! oui, je vous aime, Démétrius! je vous l'ai déjà dit bien des fois, j'ai tant besoin de croire à votre amour ! mais si vous me trompiez, si vous aimiez une autre femme!.... regardez plutôt comme vous voilà déjà devant moi sombre et rêveur !

— J'ai le bonheur triste, répondit le jeune homme, et ma joie est toujours en deuil; j'ai eu si peu les occasions d'être heureux que le regret de celles même dont je jouis me saisit le cœur avant qu'elles soient passées : les regrets à venir projettent leur ombre sur ma félicité présente et l'obscurcissent avant la fin.

— Ami aimé, de quoi donc es-tu triste? ne t'ai-je pas tout dit? que te faut-il? la liberté? mais fais un signe et demain, si tu le veux, dût-on te demander une rançon de roi, demain tu seras libre ! — le bonheur? mais n'es-tu pas dès à présent le jeune époux que je me suis choisi? n'auras-tu pas mon palais dans la strada Balbi, mes grands domaines dans le pays de Mantoue ? que sais-je, moi, tout ce que tu auras ? te voilà donc libre, jeune, riche... et aimé, ajouta-t-elle avec la plus charmante tendresse, oh ! oui, bien aimé !

Elle s'arrêta, puis elle reprit :

— Je sais bien ce qui te rend triste ! mon Dieu ! mon Dieu ! pourquoi t'ai-je dit tant de choses ? cela ressemblait à ma confession ! et maintenant que tu connais ce que j'étais, hélas ! avant de t'avoir vu ; maintenant que je ne reste pas même pour toi la femme de ce roi Théodore, eh bien ! maintenant...

— La mer enfante les îles et les perles, interrompit Démétrius : laissez au roi Théodore son île ; à moi plongeur, la perle du fond des mers, votre amour et votre beauté !

La Gaëtana le regarda avec un regard de joie brillant parmi des larmes.

— Quand vous me parlez ainsi, Démétrius, il y a dans vos paroles une douceur qui me consolerait de tout, même de votre mépris... car voilà le mot que tout-à-l'heure je voulais dire! mais, écoutez-moi! que voulez-vous que devint une pauvre enfant comme j'étais, prise sur mer et sur quelque navire de Tunis, — mon père était Bacha! — et puis élevée dans cette ville de Gênes, sans mère et sans gardiens? oh! si vous saviez ce que c'est que Gênes, toujours du bruit, toujours des fêtes, et puis, dès que je fus jeune fille, des mots d'amour!

— Votre père était Bacha! se récria Démétrius non sans étonnement, et vous fûtes prise sur mer!

— Oui, prise sur mer! vous dire comment, je ne m'en souviens plus, j'étais alors une toute petite enfant, mais de ce moment je n'ai jamais revu ma mère. Je me souviens seulement qu'elle était belle comme le jour et qu'elle se nommait Aïka.

— Ainsi le navire était de Tunis et de plus votre mère se nommait Aïka!

Démétrius prononça ces mots avec l'air rêveur de quelqu'un qui met une pensée à part pour la retrouver.

Gaëtana reprit :

— Oh! ce temps est bien loin, bien loin!

mais c'est aux choses de demain qu'il nous faut penser! je dirai donc au roi Théodore que j'abdique le nom d'épouse qu'il m'a donné et que je renonce aussi à ce mariage vraiment béni par l'église qu'il me faisait envisager prochainement ; car vois-tu, Démétrius, j'étais si lasse de ma vie à Gênes, j'avais tant besoin de m'appuyer sur quelque chose que j'en étais venue à faire mon espérance de ce mariage que me promettait Théodore, et puis ce beau nom de reine...

— Il vous donnait le nom et il vendait la couronne! Quel homme est donc celui-là, madame ?

— Oh! il avait après cela de bien plus belles espérances, être doge, que sais-je! mais enfin j'ai rempli son but dans Malte, le seul but de mon voyage. Le Grand Maître consent à payer à Théodore pour ses droits sur la Corse les deux cent mille écus maltais ! Il ne fallait pour cela que la volonté du vieux bailli d'Aquila et Théodore le savait bien quand il m'a envoyée ici, il savait que les beaux yeux d'une ambassadrice..... Il n'y a que vous, Démétrius, qui ne me disiez pas que je suis belle ! vous et le chevalier d'Aléria cependant ! car j'étais prédestinée, ajouta-t-elle en riant, à devenir reine de Corse ; c'est le chevalier qui succédera...

— Le chevalier d'Aléria vous aime, n'est-ce pas ? il vous aime et vous en êtes bien certaine, madame ?

— Oui, oui, il m'aime ! combien de fois ne vous l'ai-je pas déjà répété ! Il m'aime, je n'ai pas eu besoin d'aveux pour deviner son amour !

Un éclair de joie traversa les yeux de Démétrius.

— Il m'aime, voyez-vous, bien plus que ceux qui me l'ont juré tant de fois, plus que vous, Démétrius, qui ne me l'avez jamais dit !

Elle sembla attendre une réponse qui ne vint pas.

— Mais que disions-nous, demanda-t-elle ? Ah ! nous parlions des choses de demain ! Demain j'enverrai le commandeur de Farfara chez le Commissaire de la prison des esclaves et chez le trésorier de l'Ordre, pour régler la rançon.....

— Non, pas encore, madame, s'écria Démétrius avec transport, je veux être esclave demain! je veux être et rester esclave jusqu'à ce que ce mois de juin finisse! C'est moi seul alors qui réglerai les comptes et qui paierai la rançon. Après cela que je périsse, si cela doit être ainsi qu'on me l'a prédit, que je périsse sur une galère! mais qu'aujourd'hui, que demain, que jusqu'au jour voulu je sois encore esclave!

Il s'était levé et il arracha de son habit la croix de l'Ordre qu'il foula aux pieds. Gaëtana l'écouta et le regarda avec stupeur.

— Démétrius, s'écria-t-elle, vous ne m'aimez pas! vous en aimez une autre! Si vous m'aimiez, vous ne parleriez pas ainsi!

Démétrius avait soulevé le rideau d'un des balcons.

— Madame, dit-il, la nuit tire à sa fin,

la barque est en bas, l'échelle de soie est prête, il me faudra partir.

Puis il revint, et avec une voix douce, en voyant la pâleur de Gaëtana :

— Pourquoi, si vous n'êtes la reine de Corse, ces honneurs que l'on vous rend, ces gardes du Grand Maître à l'entrée des jardins, cet habit de chevalier pour que je passe devant eux et que j'arrive ici, cette échelle à la fenêtre pour que je sorte?

— Parce qu'un chevalier de l'Ordre et de l'habit peut entrer dans les jardins du Grand Maître sous prétexte de rendre visite dans la soirée au commandeur de Farfara, et qu'un esclave ne le pourrait faire; parce que personne n'en peut sortir après que la cloche des Observantins a sonné pour minuit ; parce que Démétrius ne peut être vu quittant au matin l'appartement de celle qui est encore ici pour tout le monde l'épouse de Théodore, qui lui-même est encore ici roi de Corse !

— Mais, ajouta Démétrius, voulant par quelque question distraire Gaëtana de l'irritation douloureuse qui se manifestait sur son beau visage, dans sa réponse et dans le tremblement de sa voix, pourquoi tous les chevaliers n'ont-ils pas le droit de venir vous faire leur cour, et n'y a t-il d'admis que ceux désignés par le Grand Maître ?

— Ah ! pourquoi ? je vous l'ai déjà dit l'autre soir ! parce que je suis la Gaëtana, une femme de Gênes à qui le noble Rodenigo a laissé de grands biens, mais que tous ceux qui ont passé devant son palais dans la strada Balbi, connaissent et qu'ils appellent la Gaëtana! parce qu'il y a dans l'Ordre une langue d'Italie et que personne ici ne doit savoir que la reine de Corse est cette femme que les chevaliers Italiens ont pu voir à Gênes; parce que le roi Théodore comprend toutes ces choses et qu'en mari jaloux, mais de peur qu'on ne découvre le mystère, il a droit de limiter, quoiqu'absent, le nombre des visiteurs ; parce qu'enfin un Grand Maître de Malte a droit aussi, je le pense, d'assurer le secret de ses négociations et de ne pas ouvrir à tout venant la porte de la négociatrice!

Elle avait ainsi parlé en fixant les yeux d'une façon irritée et distraite, sur quelque fleur ou quelqu'oiseau du dessin d'argent des tentures; mais en finissant elle regarda Démétrius, et se mettant à rire et lui tendant la main.

— Mon Dieu, nous sommes bien fous de nous quereller ainsi ! Allons, pardonnez-moi ! je vous ai fait ma confession, Démétrius, vous me ferez la vôtre; vous me direz le nom de cette autre belle jeune femme que vous aimez, et je vous pardonnerai !

Démétrius s'inclina sur la douce main qui lui était tendue.

— Aucune autre femme que vous, Gaëtana, n'a d'amour pour moi, murmura-t-il, et il s'assit de nouveau.

— C'est bien ! c'est bien, dit-elle, et c'est moi qui avais tort ! c'est que je vous aime tant, mon ami, que j'ai besoin de savoir tout dans votre existence; et voilà que je ne sais pas même dans quel pays vous êtes né ! — elle s'éloignait du but pour y revenir. — J'ai beau vous regarder, je cherche sur votre visage quelque race, quelque type, et je ne peux dire dans quelle contrée.....

— Je suis esclave, répondit Démétrius, et de si loin que je me souvienne, je ne me rappelle que cette île. Un esclave n'a pas de patrie !

— Votre patrie? oh! non, ce n'est pas l'Arabie, vous avez votre beau front trop pâle ! ce n'est pas la Perse, oh! non, ils mentent en vous appelant le Persan ! Les races nobles, et vous êtes de celles-là, appartiennent toutes à l'Occident.

« Tenez, continua-t-elle, j'en donnerais pour gage, quoi? Oh! mon Dieu, — et elle souriait — ma royauté de Corse, sceptre et couronne, je gagerais que vous êtes de quelque province d'Italie ! —Avez-vous vu Venise, connaissez-vous la Rosmunda ?

Démétrius fit un signe d'ignorance ; mais Gaëtana sans se décourager :

— C'est que vous avez bien cette beauté Italienne si rare en Italie même, et toute divine quand elle se prend à florir. Le visage d'un beau blanc mat, comme leur marbre de Carrare, et les yeux.....

« Démétrius, dit-elle, en lui mettant doucement la main sur les yeux, ne me regardez pas ainsi !

« Et puis, reprit-elle, revenant à son idée, n'aurais-je pas dû le savoir ? ne m'appelle-t-on pas reine aussi moi ? Et toutes les reines qui ont aimé, n'ont-elles pas subi l'influence de cette fatale beauté italienne ? Monaldeschi, Rizzio, Concini... tenez ! quand vous m'avez parlé de mourir tout-à-l'heure, vous m'avez glacée d'épouvante ! Savez-vous toutes ces terribles histoires, Démétrius ?

— Je ne sais que l'histoire de cette île, madame, rien que l'histoire passée qui pèse encore sur moi, rien de l'histoire à venir, qui sera peut-être terrible, bien terrible pour eux !

— Mon Dieu ! vous avez toujours des colères ! — écoutez-moi donc ! — nous parlions de ces reines... et vous m'aviez fait peur... Une prédiction, disiez-vous ! que vous a-t-on prédit ? quelque grand amour sans doute ?

Le jeune homme garda le silence.

— Savez-vous que j'ai peur de vous voir mourir et d'en être la cause !

— Mourir à vos pieds, Gaëtana? mourir de bonheur, n'est-ce pas? et il se releva.

Gaëtana le voyant ainsi debout devant elle, prêt à partir sans qu'il eût fait la réponse que ses détours et ses jalousies demandaient, le contempla quelque temps en silence et avec amour.

— Que vous êtes galamment accommodé ! et que cet habit vous sied à ravir, Démétrius, mon beau chevalier! Mais quel poignard avez-vous donc là et que je n'avais pas vu? quand vous êtes auprès de moi, je ne vois que vous en vous! Vraiment le manche en est ciselé d'un beau travail, et c'est comme un bijou de grand prix !

Démétrius prit le poignard dont le manche sortait de sa veste, parmi les dentelles de la poitrine, et le présenta à Gaëtana.

C'était un poignard à la façon de ceux de Tunis. La gaîne était de filigrane d'or, et sur la précieuse poignée recourbée à la moresque, quelqu'esclave de Barbarie avait, au-dessous d'un verset du Coran, gravé le nom de Démétrius.

— Le verset est un talisman, dit-il, mais le plus infaillible pour porter bonheur et bon succès, c'est une lame comme celle-ci, forte et acérée... Ne la tirez pas de sa gaîne, interrompit-il, ne la tirez pas! elle a été trempée dans un poison sûr qui fait mourir en moins de douze heures.

— Une lame aiguë, un poison sûr! Démétrius, donnez-moi ce poignard! je le veux garder à cause du talisman.

« Une autre fois, pensait-elle, en mettant le poignard sous un des coussins de brocard, Démétrius me dira bien ce nom, et alors!...

Mais le jeune homme lui faisait ses adieux... Quelque temps après, une barque, dirigée par deux rameurs esclaves, fendit les eaux du grand port. Gaëtana la suivit de l'œil jusqu'à ce qu'elle doublât la pointe du fort Saint-Elme. Alors la barque entra dans le port Marsamuschet, de l'autre côté du promontoire; et laissant à droite l'île où est bâti, dans ce port même, le fort Manoël, elle arriva, non sans un long trajet, jusqu'au fond du dernier embranchement, au faubourg de la Piéta. Là, Démétrius mit pied à terre, et rentra dans la maison du Bacha.

En ce moment l'aube paraissait, la première aube du jour qui s'annonça au-delà de l'enceinte Cotonère par une teinte d'opale, clarté bientôt jaunissante, première lueur de l'incendie de chaque jour dont le soleil d'été embrase le ciel de ce rocher de Malte. C'était l'heure que, la veille au soir, Zurbara, dans la grande salle du palais de France, avait fixée au chevalier d'Aléria pour qu'il se rendît sur le parvis de Saint-Jean ; car il y allait de sa vie.

FIN DU PREMIER VOLUME.

NOTES.

NOTES.

Note 1, page 14. — *Il y eut bien alors des récits et des étonnemens.*

La vie de ce prince Osman a été écrite par le père Octavien Bulgarini. On a retrouvé son tombeau dans l'église des Dominicains quand elle fut démolie à Malte il y a quelques années.

Note 2, page 32. — *Depuis le fameux galion qu'Alof de Vignacourt.*

Le grand galion, ou plutôt la grande carraque de Malte, était d'une haute importance dans les batailles navales, et sa grandeur était telle, qu'il semblait une citadelle flottant sur l'eau.

A l'attaque de la Goulette où se trouvait la flotte de Charles-Quint, « la carraque qui avait la plus grosse artillerie de toute l'armée tira si à propos et de telle furie qu'on recogneut qu'en ce côté-là elle avait démonté l'artillerie des ennemis. »

Après la prise de Tripoli, « l'empereur voulut dîner sur le grand galion, appelé Caracca, et après y avoir entendu la messe qui fut chantée en musique, il fut servi par les chevaliers avec une extrême magnificence. »

Au siège de Coron et de Patras, Doria, prince de Melphe, mit derrière toute sa flotte la grande carraque de Malte d'où, comme d'un fort et d'une citadelle, elle battait en ruine les Turcs. Par sa hauteur elle tirait aisément par dessus les galères.

Voici la description qu'un vieil auteur donne de cette fameuse carraque plusieurs fois renouvelée par la munificence de divers Grands Maîtres.

« Quand Mulei-Assem vint au camp de l'empereur, il voulut voir la carraque de la Religion : elle avait quatre couvertes (ou ponts) hors de l'eau, et deux dans l'eau revestues de plomb, et les bouchons de bronze qui ne gastaient pas le plomb comme le fer, et qui s'appliquaient si promptement que les canons de toute une armée ne l'eussent sçeu mettre à fonds. Il y avait une chapelle, un cabinet d'armes pour cinq cents hommes ; salle, chambre et antichambre pour le Grand Maître et le conseil, un finel pour les chevaliers et le quartier des officiers, four et moulins à bras pour cuire chacun jour ; des galeries et des fleurs dans des caisses à l'entour de la poupe ; et une forge, et n'estait besoin de vuider la sentine, sinon de l'eau qui y tombait par le dessus. Elle portait cinquante pièces de grosse artillerie et grande quantité d'autres moindres. Elle avait un arbre gros tant que six hommes pouvaient embrasser, et estait fort vive et légère et toute embellie de peintures et de banderoles. »

BAVDOIN. (*Histoire de l'Ordre de Saint-Iean de Hiérusalem.*)

Note 3, page 38. — *Les endroits par lesquels on communique aux œuvres-basses de la galère.*

Les galères ordinaires que l'on nommait Sensiles n'avaient que vingt-six bancs, et par conséquent vingt-six rames de chaque côté, cependant on retranchait à la bande sénestre, c'est-à-dire, au côté gauche, une rame pour y placer le fougon qui était la cuisine; les galères extraordinaires, comme les réales et les patrones, avaient quelquefois trente bancs de rames et quelquefois trente-deux.

On mettait ordinairement cinq rameurs à chaque rame : *le vogue-avant* était celui qui donnait le premier l'impulsion à la rame, c'était souvent un déferré et non un esclave ou condamné qui remplissait cet office. Le deuxième rameur après le déferré se nommait *apostis*, le troisième *tiercerol*, le quatrième *quarterol*, le cinquième *quinterol*. Celui-là fatiguait si peu, étant le plus rapproché du bord, que dans le vocabulaire des galères, il était passé en proverbe de dire : fainéant comme un quinterol.

Chaque banc se composait de trois parties : le banc proprement dit ; la banquette sur laquelle le forçat se couchait pour dormir puisqu'il y était enchaîné à demeure, et où il appuyait son pied gauche pour ramer ; et la pédague où il appuyait son pied droit.

Passer vogue, signifiait voguer de toute la force de la chiourme.

Pour une galère ordinaire de cent

soixante-dix pieds de longueur et de vingt-six pieds huit pouces six lignes de largeur, la couverte où le pont formait un carré long de cent seize pieds six pouces; elle renfermait trois espaces distincts : la vogue où étaient les rameurs, l'espale et la conille. On déterminait sur la longueur de la vogue la proportion de toutes les autres divisions de la couverte nécessaires au service de la galère, savoir : l'espace de la poupe, de l'espale, de la timonière, la saillie des ornemens sur l'arrière et de l'éperon sur l'avant. La couverte de la galère était traversée dans toute sa longueur par le coursier ou coursive qui la séparait en deux parties, et qui était un corps élevé et partie principale de la charpente.

Les galères avaient deux mâts, l'un s'appellait arbre de mestre ; l'autre trinquet ou mât d'avant était placé vers la proue ; on taillait les voiles en triangle.

Diverses ouvertures nommées portaux, donnaient passage de la couverte de la galère dans les chambres qui se trouvaient pratiquées dans la cavité de l'œuvre vive : la première qui se trouvait directement sous la poupe se nommait *gavon*, et elle était destinée au capitaine ; la deuxième, *chambre de poupe ou de conseil*, elle était destinée aux officiers malades ; la troisième, *scandalard*, était réservée pour les provisions de bouche des officiers ; la quatrième, *campagne*, pour les provisions nécessaires à la subsistance de l'équipage ; la cinquième, *paillol*, pour le biscuit et les légumes ; la sixième, *Sainte-Barbe*, pour la poudre et les artifices ; la septième chambre, *taverne*, était ainsi nommée parce que le come y tenait le vin qu'il avait permission de vendre à l'équipage, elle servait aux bas-officiers; la huitième chambre s'appelait *chambre des voiles*; la neuvième, *chambre des cordages*; la dixième, qui était la *chambre de proue*, était destinée aux malades et aux blessés; la dernière enfin, appelée *gavon de proue*, servait à renfermer le charbon pour la cuisine.

Voici le tableau de l'équipage d'une galère : le capitaine, le lieutenant, le sous-lieutenant, l'aumônier, l'écrivain, le chirurgien, le comite, le pilote, le maître bombardier, l'argousin, le sous-comite, le sous-comite de mizenin, le sous-argousin, le remolat qui avait charge des rames pour les tenir en état, le barillat ou sommelier, quatre-vingts mariniers de rames, six proyers, huit gardiens, cent huit forçats ou Turcs.

Le sous-pilote, trois aides bombardiers, quatre timoniers, quatre caps de garde, le calfat, le maître d'hache, le patron du cricq, le majordome, quatre sergens, quatre caporaux, quatre-vingt-douze soldats, trente mariniers de rambade.

Quant à ce qui regarde les chevaliers personnellement, voici ce qui se lit dans les statuts de l'Ordre, au titre XX.

« Les seigneurs capitulans ont ordonné qu'aucun chevalier ne pourra s'embarquer comme passager sans permission du vénérable général qui commandera les galères; s'il y en a un grand nombre, le général les distribuera avec leurs effets sur toutes les galères, comme il pourra pour le mieux.

« Pour éviter l'embarras des galères, ils ont défendu à tous les chevaliers de l'armement d'y porter ni ballots ni coffres de bois, mais seulement chacun une valise de cuir ou de drap, à peine de confiscation des ballots et coffres de bois et de tout l'argent qui s'y trouvera au profit du trésor, et contre le capitaine qui aura souffert l'embarquement, d'une amende de six écus d'or par coffre ou ballot.

« On ne recevra dans les galères aucun valet de chevalier ou de frère-servant qui n'ait du moins vingt ans, en état de porter les armes avec son arquebuse et son casque. »

Note 1, page 16. — *La ville avec ses neuf quartiers.*

On divisait à cette époque la ville en neuf quartiers qui étaient :

1° La cité Vittoriosa ; elle s'appelait autrefois le bourg du château Saint-Ange. Ce fut la première fondation des chevaliers dans l'île. Villiers de l'Ile-Adam s'y fortifia et le corps entier de l'Ordre y résida jusqu'à ce que Pierre de Monté eût transporté le couvent dans la nouvelle ville. Le bourg fut appelé cité Vittoriosa en mémoire des efforts des Turcs contre la Religion de Saint-Jean, ainsi que du courage, de la constance et de l'intrépidité des chevaliers et des habitans qui n'avaient plus que ce seul boulevard à opposer à leurs ennemis. Le général des deux escadres de la Sacrée Religion, un lieutenant, le commandant de l'escadre des vaisseaux et les capitaines des galères continuèrent d'y résider et ils y avaient leurs palais. On y voyait aussi les arsenaux des galères et le tribunal du Saint-Office de l'Inquisition; l'église qui fut long-temps l'église conventuelle était dédié à Saint-Laurent ; à l'époque du magistère de Manuel Pinto, on comptait dans la Vittoriosa près de quatre mille habitans et plusieurs couvens. La Vittoriosa avait pour armes : un bras armé tenant une épée nue entre deux rameaux de palmier et d'olivier, le tout en champ de gueules.

2° Le château Saint-Ange. Il était anciennement possédé par une noble famille maltaise du nom de Nava, et qui le tenait à droit héréditaire et à fief du roi catholique. Les Nava en firent l'abandon à la Sacrée Religion quand elle prit possession de l'île

avec la réserve d'une rente annuelle. (Voir *il Viaggio al monte libano, cap.* 2, par Domenico Magri.) Ce château était de bien peu d'importance à l'arrivée des chevaliers dans l'île. « Le
» Grand Maistre (l'Ile-Adam,) et les sei-
» gneurs au partir des galères allèrent à l'é-
» glise parochiâle de Sainct-Laurent qui fut
» retenue pour le service du couvent tant
» que la religion habita au bourg où le Grand
» Maistre n'avait pas intention de faire lon-
» guement sa résidence, parce qu'il estait
» foible et commandé de tous costez ; néan-
» moins il le fit ceindre promptement de
» murailles et de quelques flancs et légères
» défenses pour s'assurer pour un temps
» contre les corsaires. Au bourg il y avait
» fort peu de logis mal commodes pour
» l'infirmerie et pour les auberges, et pas
» un propre pour le Grand Maistre. » Il fallut que le Grand Maître et le conseil se

fixâssent au château Saint-Ange. Depuis, Villiers de l'Ile-Adam fit bâtir un palais, « qui suffit pour luy et ses successeurs » jusques au temps du Grand Maîstre de » La Valette. » Le château Saint-Ange fut plusieurs fois reconstruit et réparé. La Valette le fit relever après le siége; sous Adrien de Vignacourt un chevalier Charles de Grussenbergh le faisait restaurer de ses deniers : et sous Pinto, Giovanantonio Ciantar écrivait en parlant de ce fort : « Essendo oggi » le sue mura consumate della voracita del » tempo, si va loro facendo il necessario » ristoramento. »

3° La cité Sangléa. Elle est placée sur la pointe qui est en regard de la Vittoriosa et n'en est séparée que par le canal qui se nommait alors le port des Galères et qui pénétre dans les terres jusqu'à la Burmola. Elle est défendue par la forteresse de Saint-Michel et porte le nom de son fondateur le Grand Maître Claude de la Sangle, ainsi que ses armes : d'or à la croix de Saint-André de sable, chargée de cinq coquilles d'argent. Son circuit est d'environ un mille et demi et sa population au temps du Grand Maître Pinto était d'environ cinq mille habitans. Les assauts qu'elle soutint par terre et par mer durant le fameux siége des Turcs, la valeur et la fidélité de ses habitans sont longuement racontés par l'historien Bosio. C'est la seconde fondation des chevaliers dans l'île.

4° La cité Burmola. Elle est au fond du port des Galères, c'est un quartier populeux et qui comptait au temps dont nous parlons environ seize cents feux et sept mille habitans. Elle est défendue par la forteresse

Firenzuola jugée nécessaire par le Grand Maître Lascaris pour la sûreté du grand port et commencée sous son règne par Vicenzo-Maculano de Firenzuola, moine dominicain, depuis cardinal, célèbre ingénieur du pape, à qui l'on devait déjà le fort Urbano et qui vint à Malte en 1638, sur la demande du Grand Maître.

5° La Cotonère. Ouvrage immense composé de dix bastions, s'étendant bien au-delà de l'ouvrage Sainte-Marguerite dont est ceinte la Burmola et renfermant dans son second bastion le fort Saint-Salvador. Ce fut une construction du Grand Maître Nicolas Cotoner, homme puissamment riche, qui l'entreprit partie à ses dépens, partie au moyen d'une imposition mise à cet effet sur les sujets de Malte. Son but était de donner refuge en cas de siége derrière ces remparts à toute la population de l'île qui s'y fût venue renfermer avec son bétail et ses meubles. Cet ouvrage est fort bien construit et presque partout taillé dans le roc. Sur la porte principale on voyait l'image du fondateur avec cette inscription :

Eminenti, principi Fr. Nicolao Cotoner.
M. M.
....

Vincet durando sæcula simulacrum in porta ;
Nomen in urbe ; in orbe fama.

Un poète du temps nommé Jean François Bonamico, faisant allusion à cet asile réservé au bétail, compare le Grand Maître Cotoner à Noë et termine une longue pièce de vers par ces deux-ci :

O quem te dicam? vel quo jam nomine signem?
Tu patriæ esto pater! tu novus esto Noë!

6° Le fort Ricasoli. Il est construit sur la pointe opposée au château Saint-Elme, il contribue à la défense de l'entrée du grand port, et il servait à héler les bâtimens qui voulaient y entrer. Voici ce que rapportent les registres des délibérations de l'Ordre que nous avons pu consulter à Malte dans la bibliothèque publique, jadis celle des chevaliers, où ils sont conservés : « En cette présente année
» 1670, fut faite une nouvelle fortification, à
» laquelle a contribué le commandeur Fr.
» Giovanfrancesco Ricasoli, Florentin, pour
» la somme de trente mille écus, y joignant
» la redevance de toutes ses rentes se mon-
» tant à trois mille écus et se réservant
» un faible revenu suffisant à peine pour
» tenir son rang. C'est pourquoi le Grand
» Maître Raphaël Cotoner, heureusement
» régnant, l'ayant fait venir en présence
» du sacré Conseil, lui a accordé des éloges

» et des remerciemens pour la générosité
» de son action, et a ordonné que cette
» forteresse s'appelerait à l'avenir de son
» nom *le Fort Ricasoli*, et qu'au lieu le
» plus apparent serait placée une inscrip-
» tion commémorative. » (Trad. litt.)

7° Le château Saint-Elme. Avant l'établissement de la cité Valette, ce fort était
le seul de ce côté pour défendre l'entrée
des deux ports. L'armée turque, après avoir
fait une descente dans l'île le 18 mai 1565,
commença par en former le siége pour
s'ouvrir un passage dans le port Marsamuschet et y mettre sa flotte à couvert. Dès
le 24 du même mois, il y eut du canon en
batterie, et il fut enfin pris le 23 juin suivant, malgré l'incroyable résistance des
chevaliers employés à sa défense.

« Mustapha entré dans ce fort avec l'en-

» seigne de Solyman, voyant le fort si
» estroit et tant de corps morts, recognut
» la difficulté qu'il avoit à ce qui restoit à
» faire en ce siége; et pour estonner ceux
» du Bourg, ordonna qu'on exerçâst toutes
» sortes de cruautés contre quelques-uns
» qui restoient blessés et qui s'estoient
» rendus dans l'église, et en fit tuer une
» partie à coups de flèches; fit pendre les
» chevaliers qu'il recognoissoit à l'habit par
» un pied sous les arcs de la voûte, leur
» fit arracher le cœur, fit pendre les corps
» des chevaliers morts, leur fit couper les
» testes et les mains, et les ayant fait dé-
» pouiller, leur fit faire avec des cime-
» terres de grandes fentes sur les reins et
» l'estomach en forme de croix, puis les
» fit attacher sur des poteaux écartelez et
» croisez, et les fit jetter en mer afin que
» la marée les poussâst devers le Bourg.

» Comme elle fit, pour faire voir cet hor-
» rible spectacle au Grand Maistre et aux
» chevaliers. » (BAUDOYN.)

Le nombre des morts dans le fort Saint-Elme fut douze cents hommes, dont il y avait cent dix chevaliers de l'Ordre.

Après le siége levé, on y fit d'importantes réparations; on y ajouta un grand cavalier, et dans la suite le Grand Maître Perellos y fit faire une nouvelle enceinte et terminer par là la cité Valette, qui s'étend jusque sur le bord de la mer. Le fort Saint-Elme la protège doublement sur chacun des deux ports. C'est dans ce fort qu'était placé, sur la tour, le phare ou fanal destiné à guider les vaisseaux durant la nuit.

8° La Florianne. On commença à travailler aux fortifications de cette enceinte, qui se nomme la basse ville, en 1635, sous le magistère du Grand Maître Lascaris; mais les projets restèrent imparfaits jusqu'à l'année 1715. Cette fortification a été finie sous le magistère Raymond Perellos; les travaux furent dirigés par le chevalier de Valpargo.

9° La cité Valette. Elle est construite sur le mont Scéberras, entre les deux ports; et, tandis que les autres quartiers ne semblent que ses faubourgs, elle-même est une ville magnifique. Les avantages de cette position sont tels, que les chevaliers, à leur arrivée dans l'île, dûrent en être frappés. Aussi le Grand Maître l'Ile-Adam, s'il n'eût songé encore à Rhodes ou bien à Modon, eût-il entrepris lui-même les premiers travaux. « Son dessein, dit le vieil historien que nous aimons à citer, estoit de transporter sa résidence à Modon, ou s'il estoit forcé d'arrêter à Malthe, d'habiter au mont Scéberras entre les deux ports. » La gloire de la fondation fut réservée à La Valette. Le fort Saint-Elme se trouvait déjà bâti à l'extrémité du promontoire; mais les Turcs s'en étaient emparés, et il n'y restait que des ruines après leur départ. Un nouveau siége était imminent, il fallait se fortifier et se défendre. Ce fut un élan général parmi les chevaliers et le peuple de Malte, et dans toute la chrétienté même qui envoyait de chaque royaume des dons d'argent et des secours. Enfin, les dessins ayant été tracés par l'ingénieur italien Laparelli, non sans peine (car il était molesté de mille avis divers et contraires au sien, des chevaliers qui faisaient les entendus en fortification), la première pierre de la ville nouvelle fut posée.

« Le vingt-huictième de mars mil cinq cent soixante-six, le Grand Maistre partant du bourg qu'on appelait dès-lors la Cité Victorieuse, fort accompagné de prélats, de seigneurs et du peuple, s'achemina, le clergé marchant avec la Croix en procession devant luy, jusques sur le mont Scéberras qui se trouva couvert de tentes et pavillons et de grand nombre d'enseignes et estendards, et là, sous une grande et riche tente, fut chantée une grande messe du Sainct-Esprit avec la musique et les instruments de toutes sortes et à l'Elévation du corps de Notre Seigneur fut laschée toute l'artillerie. »

Le sous-prieur de l'église officia en cette

circonstance. Nous pourrions dire ce qu'en e rapporte pas le chroniqueur Baudoyn, que le sermon fut trouvé d'une élégance et d'un à-propos parfait, et que ce fut le père Spirito Pelo Angusciola, de l'Ordre des Augustins, qui eut l'honneur de prêcher devant le Grand Maître, les seigneurs du Conseil et la noble assemblée. Il avait pris pour texte et par allusion au mont sur lequel allait être bâtie la nouvelle ville, ces paroles que le prophète applique à la nouvelle Sion « *Fundamenta ejus in montibus sanctis.* » Et il prouva en deux points que le mont Scéberras, déjà sanctifié par la présence de Saint Paul, devait l'être un jour bien davantage par la résidence de l'Ordre. « Sono santi per certo questi monti, s'écriait le Père Angusciola, ma piu santi saranno quando siano santificati dagli habitatori con l'innocenza, con la religione, con la santita, con la divozione, con la buona vita, con la giustizia universale. »

Puis à propos de montagne le prédicateur parla de vallée, et alors il joua avec esprit sur le mot vallée et le nom de Valette :
« Poiche dal capo de' tuoi fondatori ti chiamerai Valetta; e pur sei monte; e intenderassi la soluzione che non fu mai valle senza monte, ne monti senza valli. »

Enfin, par une phrase qui fut regardée comme une prophétie, quand, deux ans après, Pierre de Monte vint à succéder à La Valette, il ajouta : « E che Monte sarai per l'eminenza delle virtu che debbono regnare in te. »

« Après la messe, le sous-prieur chan-
» tant les oraisons propres à ce sujet, bénit

» solennellement la nouvelle Cité, luy don-
» nant, selon le decret du Conseil, le nom
» de Valette, et tous les bastions, mêsme
» celuy qui fut appelé Sainct-Jean où estait
» arboré le grand estendard de la Religion.
» Après, il bénit la Porte principale qui
» fut appelée Sainct-Georges, et le boule-
» vard qui fut nommé Sainct-Jacques. »

Ce nom de Saint-Georges, donné à la porte Maestrale, ne fut-il pas une fatalité dans les destinées de la ville nouvelle? C'est par cette porte Saint-Georges que deux cent cinquante ans plus tard sont entrés les Anglais, ces nouveaux maîtres de Malte.

« Le Grand Maistre se porta pour lors sur la
» poincte du boulevard Sainct-Jean et là,
» après plusieurs bénédictions, oraisons
» et cérémonies, il posa et maçonna de
» sa main la première pierre. Cela fait,

» l'ingénieur Laparelli baisa la main au
» Grand Maistre qui luy mit au col une
» chaîne d'or où pendoit son portraict.
» Sous ceste première pierre furent jettées
» diverses médailles d'or et d'argent et de
» bronze où estoient inscriptes des senten-
» ces et devises de diverses intentions pour
» tesmoignage et mémoire éternelle à l'ad-
» venir de ceste heureuse fondation. Sur la
» première pierre furent gravées des lettres
» qui tesmoignoient les extrêmes difficultez
» et périls surmontez en ce siége et l'heu-
» reuse issue et délivrance d'iceluy, et la
» cause et sujet de cette fondation, et une
» prière à Dieu et aux saincts tutélaires de
» l'Ordre de la prospérer, et le nom du Grand
» Valette, fondateur. Ceste cérémonie ac-
» complie, l'artillerie de tous costez fut des-
» chargée. Le conservateur conventuel fit
» largesse au peuple de zechins et escus

» d'or et de monnoye d'argent de un, de
» deux, trois, quatre et six tarins pièce; et en
» toutes estoit empreinte l'effigie du Grand
» Maistre et fut généralement crié : Vive le
» grand Valette. (Ainsi fut-il communé-
» ment nommé depuis le siége levé.) Le
» Grand Maistre et les Seigneurs disnèrent
» près de là sous une tente où ils furent dé-
» licieusement et splendidement servis. »

Nous pouvons citer quelques-unes des devises inscrites sur les médailles qui furent placées dans les fondations. Sur l'une était représentée l'ile de Malte avec cette inscription : *Melita renascens*; sur une autre, David vainqueur de Goliath, avec cette inscription : *Unus decem millia*; deux autres avoient pour légendes : *Dei propugnatoris sequendæ victoriæ*, et *perpetuo propugnaculo tursicæ obsidionis*; la meilleure était celle

ci qui s'appliquait à la ville nouvelle;
Immotam colli dedit. A l'exergue étaient
marqués l'année et le jour de la fondation. Le Grand Maître donna en même
temps des armoiries à la Cité; ce fut un écu
rond qui portait un lion d'or en champ de
gueules.

Ainsi les consécrations ne manquèrent
pas, et des poètes vinrent qui joignirent
leurs présages aux bénédictions de l'Eglise
et aux heureuses destinées entrevues par
le prédicateur. Il existe même un poème du
commandeur depuis bailli, Bartholomeo
dal Pozzo, de Véronne, qui a pour titre :
Il Valetta, et qui composé d'un grand nombre de strophes n'offre malheureusement
que fort peu de vers présentables.

« Le Grand Maistre délivré de grandes

» autres affaires s'appliqua entièrement à
» faire travailler à fortification de la Cité
» Valette et y estoit tous les jours luy-
» mesme; et là, les chevaliers eux-mêsmes
» portoient la hotte pour monstrer exemple
» aux austres et pour le salut commun. »

>Cinta di mura, et d'umil tette ordita
>Crescer omai la sua citta vedea
>Lieto il Valetta; e perche al fin compita
>Fosse al disegno inter, forte premea;
>Ciascun de' sacri Eroi nobile aita
>Non punto schivo al gran lavor pergea;
>Ed ei se stesso affaticando insieme
>Lor dava infra i sudor conforto e speme.
>
>(*Bartholomeo dal Pozzo.* Poëme IL VALETTA).
>STANCE VII.

« Il y venoit des ouvriers de tous costez,
» invités du bon paiement qu'on leur fai-
» soit; même des Malthois qui s'estoient

» retirez en Sicile commençoient à s'y re-
» patrier. Le vice-roy de Sicile, à l'ins-
» tance du Grand Maistre, par un ban pu-
» blic contreignît tous les Malthois qui
» n'estoient chargez de famille d'y retour-
» ner, parce que les Malthois s'entendent
» mieux que gens du monde à rompre le
» rocher; et y fit encore aller toutes sortes
» de tailleurs et ouvriers qu'il jugeoit pro-
» pres pour y servir; de sorte que d'or-
» dinaire il y avoit 8,000 hommes de tou-
» tes sortes qui y travailloient. La dépense
» étoit si excessive qu'elle faisoit quelque-
» fois perdre courage au Grand Maistre,
» quoyqu'il fust d'un naturel tout libéral
» et magnanime. »

On dépensait chaque jour de 1,500 à 2,000 écus. Le manque d'argent se fit enfin sentir; pour y suppléer, le Grand Maitre fit frapper de la monnaie de cuivre à laquelle il attacha une différente valeur, selon la grandeur dont elle était taillée. D'un côté on voyait deux mains entrelacées qui se touchaient; de l'autre, les armes de La Valette écartelées, avec celles de la Religion, et pour légende ces deux mots latins : *Non œs sed fides*. En effet, on ne manquait jamais sitôt que l'on avait reçu de l'argent de retirer cette monnaie; et par cette exactitude, la confiance parmi le peuple s'établit si solidement que le travail ne fut jamais discontinué ni même ralenti.

Le commandeur de La Fontaine, fort estimé par sa capacité dans l'art des fortifications, avait la principale direction et comme la surintendance des travaux. Le pape avait envoyé Hiérome Guidachi, Florentin, avec une bonne somme d'argent pour aider à l'œuvre, et avait permis d'y travailler les jours de fête. On trouve dans les anciens comptes du trésor que ce Guidachi employa aux fortifications, dans l'espace de sept semaines, jusqu'à 35,000 écus.

Ainsi : « Le Grand Maistre faisoit inces-
» samment travailler à la fortification de la
» Cité Valette qu'il appeloit sa femme, et
» faisoit toute diligence de trouver l'argent
» dû au trésor, et manda l'hospitalier d'Ar-
» quembourg en France pour recevoir ce
» qui étoit dû au trésor et spécialement
» des deniers des bois de haute fustaye que
» la Religion avoit prêtés à la langue de
» France pour payer leur cotte de trois
» millions que le roy Charles IX avoit ob-
» tenue du pape sur le clergé de France
» pour faire la guerre contre ceux de la

» religion prétendue reformée ; et de là, et
» des autres debtes de la Religion furent
» tirées de grandes sommes. »

Il ne faut pas oublier les dons volontaires et considérables que les rois de France, d'Espagne et de Portugal, ainsi que le pape firent parvenir à Malte : ni les contributions que s'imposa le Grand Maître et tous ceux de l'Ordre; on fit des emprunts aux prieurés de la langue d'Italie et l'on tira aussi beaucoup d'argent d'un jubilé qui fut publié, à cet effet, par toute l'Italie et en France.

« Le Grand Maistre envoya son argente-
» rie à la monnoye et osta du col à ses
» courtisans toutes leurs chaisnes et les
» croix d'or, et les y envoya pour en battre
» de la monnoye et encore tous les vases
» d'or et d'argent de la sacristie desquels

» on ne se servait point en l'église. Le gé-
» néral Mendosse y envoya volontairement
» toute son argenterie... Le Grand Maistre et
» le conseil prindrent sept cents escus sur les
» responses des prieurez de Capoüa et de
» Barlette, vendirent les bagues du thréso-
» rier Minal, et pour achever les fortifica-
» tions, firent fondre les treize conches
» d'argent dans lesquelles on lavait les
» pieds aux pauvres le jeudi sainct. »

Nous insistons sur ces détails de la fondation d'autant plus volontiers que Vertot les a omis.

Nul doute que le dévoûment du Grand Maître ne fût imité par d'autres chevaliers encore que le trésorier Minal et le général Mendosse. La Valette se dépouillait de tout, avant le départ des secours que lui avait envoyé si tardivement le vice-roi de Sicile :

« il vuida son cabinet, ses coffres et ses
» garde-robes et donna tout ce qu'il y avait
» de rare et précieux à diverses personnes
» qui avaient dignement servi et mérité. »
Il fit même don au marquis de Pescaire
du fameux vase d'or que Villiers de l'Ile-
Adam avait reçu du roi d'Angleterre.

« Le Grand Maistre, entre autres moyens
» d'avancer la fortification, y fit travailler
» tout l'hiver les chiormes, y employa des
» charrettes, y fit atteler les vieux chevaux
» de son escurie et tous ceux de l'isle, et
» d'austres chevaux et mulets qu'il fit
» achepter en Sicile. Ces charrettes char-
» geoient toute la terre qu'on pouvoit tirer
» un mille hors la ville et vers la Marsa afin
» qu'elle ne put servir à l'ennemi, et la por-
» toient dans la cité pour faire des bastions
» et des parapets. »

Une année suffit pour élever les murailles et tracer le plan des rues. Aussitôt les particuliers commencèrent à bâtir. Un statut, contrairement aux ordonnances qui voulaient que la dépouille de chaque membre de l'ordre appartînt à la Religion, permit aux chevaliers de disposer par testamens des maisons qu'ils éleveraient dans la nouvelle ville. « Le Grand Maistre avoit fait
» estimer exactement les possessions du
» mont Scéberras jusques à La Marsa; et
» après avoir fait recognoistre diligemment
» les pièces et confins d'un chacun pos-
» sesseur, les leur fit payer selon la con-
» tenue valeur et bonté de chacun fonds
» et les places de la cité furent vendues
» aux particuliers à raison de deux tarins
» pour chaque canne géométrique, excepté
» les places des églises, du palais du
» Gran Maistre, des auberges et austres

» lieux publics qui en furent exemptez. »

. . . .

Et alors quelques vieillards maltais virent bien que cette fondation était l'accomplissement d'une ancienne prophétie, qui disait : « Que le temps viendroit où » chasque palme mont Scéberras vaudrait » une once. »

Au milieu de ces travaux mourut le grand La Valette ; il n'eut d'autre habitation dans la ville de son nom, quoiqu'il y passât les journées au milieu des ouvriers, y prenant ses repas, y donnant ses audiences et ses ordres, « Qu'en deux petites salles que » le Grand Maistre y fit faire où il se retiroit » rait pour éviter les pluyes et l'ardeur du » soleil. »

C'est de cet endroit qu'il data deux décrets, premières déclarations qui se firent en la cité Valette : l'un qui ordonnait aux chevaliers de se vêtir dans l'île d'une seule couleur noire ; l'autre qui donnait à la nouvelle ville l'épithète d'*humilissima*, conformément à l'usage de Sicile, qui voulait que chaque ville portât un surnom : *Palermo felice*, *Messina nobilissima*, *Syracusa fedelissima*, *Catanea chiarissima*.

Heureusement pour le sort de la nouvelle fondation, celui qui fut nommé pour succéder à La Valette, fut animé des mêmes intentions, et de même que La Valette avait mis sa gloire à fonder la cité et à l'achever, Pierre de Monté mit la sienne à la rendre habitable et à y transporter la résidence du couvent. Ce ne fut pas sans de nombreuses oppositions qu'il eut à vaincre : les chevaliers, habitués à la résidence libre dans le bourg du Château-Saint-Ange, craignaient (ce qui n'eut pas d'exécution) le projet d'un *Collachium*, quartier séparé des autres, où devaient seulement habiter dans la nouvelle ville, ainsi qu'il en était à Rhodes, les membres de l'Ordre.

« Encore que plusieurs enviant la gloire du Grand Maistre de La Valette voulussent dire que le bourg fut assez commode et assez fort comme on l'avoit esprouvé ; et que l'habitation de la cité Valette seroit d'une despence insupportable et ne serviroit que de donner jalousie aux estats circonvoysins. »

« Mais le Grand Maistre de Monté, per-
» sévérant en son dessein, disoit qu'ils n'y
» entendoient rien plus que tant de braves
» et sages cavaliers qui en avoient dit leur
» advis, ny que tant d'ingénieurs et princes

» chrestiens mesmes qui l'avoient agréé et
» authorisé, et qu'il y avoit bon moyen
» que la Religion demeurast tousiours
» neustre comme elle avoit esté par le
» passé. Et déclara librement que qui-
» conque parleroit de n'habiter point la
» cité Valette, n'auroit jamais grâce ny
» faveur de luy : et commanda à son nep-
» veu Eustache de Monté qui l'estoit venu
» voir de choisir une place commode sur
» le milieu de la cité pour y bastir une
» maison. »

C'est cette place qui fut depuis rachetée des deniers du trésor pour y bâtir le **Palais Magistral**.

Cependant les travaux tiraient à leur fin, et l'ingénieur Laparelli ayant pleinement instruit Hierome Cassa de ce qui restait à faire dans la cité Valette, **prit** congé du Grand Maître. Il se rendait en Chypre pour servir la république de Venise et fortifier Famagouste, quand il mourut à Corfou.

Peu de temps après, sur la crainte d'une nouvelle attaque de la part des Turcs, le Grand Maître, qui tenait fort à ce que le changement de résidence eut lieu de son temps et toujours contre l'avis de plusieurs qui persistaient à voir de grands désavantages dans cette transmigration, fit assembler le conseil, puis résoudre d'autorité cette affaire selon son intention ; car il témoigna si bien qu'il avait l'intention de passer outre, que personne n'osa plus le contredire. Les auberges des Langues étaient déjà assez avancées et commodes, et chacun s'occupa à dresser dans la nouvelle enceinte des cases et des pavillons, et de petits logis de murailles crues et de bois, en attendant le moment de bâtir d'une meilleure façon. La nouvelle habitation du Grand Maître, celle que son neveu Eustache de Monté avait fait construire, n'était qu'une maison de bois, où il y avait une salle et deux chambres, simplicité bien éloignée des magnificences qui devaient suivre. Enfin, la translation du couvent eut lieu le dimanche, 18 mars 1571, cinq ans après que La Valette en eut posé la première pierre.

« Ce jour-là le Grand Maistre partit de
» son palais du Bourg accompagné des
» seigneurs du Conseil et des comman-
» deurs et chevaliers, et allèrent ouyr la
» la messe à Sainct-Laurens, et après il
» sortit par la grande porte ayant devant
» lui tout le clergé marchant en proces-

» sion. Le prieur de l'église revestu ponti-
» ficalement tenant en main le bois de la
» vraye Croix et en cette sorte s'achemi-
» nèrent tous le petit pas à la Marine.
» Après le clergé marchoit le plus ancien
» chevalier de la langue d'Auvergne, seul,
» portant l'estendard de la Religion, sui-
» vait le Grand Maistre seul ; et après luy,
» les seigneurs de deux en deux ; et après,
» les commandeurs et chevaliers suivis de
» la multitude du peuple. — Estans arrivez
» au bord de la mer, le Grand Maistre et
» les seigneurs montèrent sur la Capitane
» par un pont paré et couvert de riches
» tapis, et à mesure que le Grand Maistre
» mit le pied sur la Capitane il fut salué
» de toute la chiorme et de toute l'artil-
» lerie. Les autres montèrent sur les autres
» galères toutes parées d'enseignes, de
» branches d'olivier et autres verdures,

» et de cette façon sortirent du port,
» furent saluez du château Saint-Elme et
» du gros galion de la Religion, et avec
» le son des trompettes et clairons et la
» musique doublèrent la pointe de Saint-
» Elme et vindrent au pied du mont Scé-
» berras au nord de la cité Valette, et des-
» cenderent tous en terre sur un pont
» semblable à l'autre; et à l'instant que
» le Grand Maistre met pied à terre, il fust
» encore salué de mesme par toute l'artil-
» lerie. Et là luy vindrent au devant le
» gouverneur Mongandri et son lieutenant
» Alof de Vignacourt*, capitaine de la cité;
» Torrelas, gouverneur de Saint-Elme, les
» commissaires et officiers des fortifica-
» tions et plusieurs commandeurs et che-
» valiers. Le gouverneur mit le genouil en
» terre devant le Grand Maistre, luy baisa

* Depuis Grand Maître.

» la main et luy présenta les clefs de la
» cité Valette. Cela fait, ils marchèrent
» encore tous, le clergé allant devant et
» chantant, et entrèrent dans la cité par
» la porte de Monté, où ceux de la garni-
» son firent leur salve, et de là ils en-
» trèrent dans l'église de Saincte Marie de
» la Victoire; et aussitost que le Grand
» Maistre eut mis le pied sur le seuil de
» l'entrée, toute l'artillerie de la cité et du
» fort Saint-Elme salua. Là furent faites
» en grande résiouyssance des prières so-
» lennelles à Dieu et aux saincts protec-
» teurs de la Religion pour l'heureux com-
» mencement et prospérité à l'advenir de
» cette transmigration tant pour leur bien
» et de leurs successeurs que pour l'hon-
» neur et conservation de leur Ordre. »

(BAUDOYN.)

Pendant le magistère des Grands Maîtres,

dont le règne suivit celui de La Valette, la ville, successivement embellie d'édifices publics et particuliers, devint aussi magnifique qu'imposante. Pierre de Monté, Verdale, Garcez, Vignacourt, Vasconcellos, De Paule et Lascaris vinrent les uns après les autres y ajouter quelque création utile ou somptueuse. Mais, ce fut le Grand Maître Jean de La Cassière, chevalier des langues de France, promu au magistère en 1572 et successeur de Pierre de Monté, qui fit bâtir dans la cité Valette tout ce qui s'y trouvait de principal : la grande église conventuelle de Saint-Jean, le palais des Grands Maîtres, la Castellanie qui était le palais où se rendait la justice, l'infirmerie, qui était le grand hôpital de Saint-Jean, les fours, les magasins de poudre, les prisons des esclaves et les premières salles d'armes.

Nous n'entreprendrons pas, dans une simple note, déjà trop étendue, de décrire toutes ces magnificences; il nous suffira de dire qu'à la fin du siècle dernier, vingt rues traversaient la ville, huit en long et douze dans la largeur, toutes alignées, régulières, spacieuses et pavées d'une pierre très dure, appelée zoncol. Cependant, avant 1771, les rues étaient encore fort mal pavées; le devant de beaucoup de maisons était embarrassé d'escaliers; mais sous le Grand Maître Emmanuel de Rohan, on fit de grandes dépenses pour niveler les rues et supprimer ces escaliers extérieurs; on creusa des canaux souterrains propres à l'écoulement des immondices, et on pratiqua des conduits qui servent à distribuer les eaux de fontaine dans toutes les citernes particulières et publiques de la ville; les maisons elles-mêmes, terminées par des terrasses enduites de pouzzolane et garnies pour la plupart de balcons couverts, sont bâties en pierre de Malte, dont l'extrême blancheur augmente l'effet des rayons du soleil. A cette même époque, la cité Valette renfermait vingt-quatre mille habitans, nombre qui, joint à celui de la population des autres quartiers, offrait un total de quarante-trois mille habitans enclavés dans les mêmes lignes. L'aspect général de la ville enfermée dans ces imprenables fortifications, que cinq mille canons de bronze défendaient alors, est riant et agréable; et sa position sur la montagne, qui sépare l'un de l'autre les deux principaux ports de l'île, en rend la perspective majestueuse et imposante.

Voilà de quelle ville, ainsi fondée, agrandie, fortifiée pendant deux cent cinquante ans, les Anglais sont aujourd'hui maîtres !

Note 5, page 48. — *Cependant à la Baracca.*

La Baracca située sur le boulevard Saint-Pierre et Saint-Paul était le poste de la langue d'Italie, et d'abord celui de la langue d'Aragon, avant que la langue d'Italie n'eût emporté la prééminence. La langue de Provence avait pour poste le Cavalier et boulevard Saint-Jean; la langue d'Auvergne, le boulevard Saint-Michel; la langue de France, le Cavalier et le boulevard Saint-Jacques; la langue d'Aragon, le boulevard Saint-André; la langue d'Allemagne, le boulevard Saint-Sébastien; la langue de Castille, le boulevard Sainte-Barbe et Saint-Christophe.

On voyait à la Baracca, entre plusieurs pièces d'artillerie et mortiers à bombes qui s'y trouvaient, un canon de bronze d'une grandeur démesurée et du poids italien de

20,812 livres. Dans le mur, au-dessus de l'arcade où il se trouvait placé, on lisait une inscription qui portait que Balbianus Grand-Prieur de Messine avait entrepris ces constructions en 1651.

Sous Raymond Perellos (1715) une citation ayant été faite à tous les chevaliers répandus sur le continent pour qu'ils eussent à venir défendre Malte, car on craignait que les armemens du Grand Seigneur ne fussent destinés contre l'île, on vit arriver de leurs royaumes un grand nombre de chevaliers et parmi ceux-ci quelques-uns de haut rang comme le duc de Vendôme, Grand Prieur de France, le chevalier de Bavière, le chevalier de Lorraine et beaucoup d'autres des plus grandes maisons de l'Europe. Le commun trésor de la sacrée Religion se trouvant obéré de l'excessive dépense que nécessitaient les tables de tant de chevaliers et de servans d'armes, le Grand Maître Perellos lui fit généreusement un don de cent mille génovines, car pendant qu'on s'appliquait aux exercices militaires, on ne laissait pas que de faire grande chère. Le duc de Vendôme créé capitaine général de toutes les milices tenait table ouverte pour tous les chevaliers; et entr'autres fêtes, il donna un somptueux festin dans cet endroit même qui était le poste d'Italie et qui devint pour ce jour une magnifique salle de banquet.

Note 6, page 75. — *Le sacré conseil de l'Ordre s'était assemblé le soir même.*

Le conseil ordinaire se composait du Grand Maître et des chevaliers Grand'Croix, des Grands Prieurs, des huit baillis conventuels, des baillis capitulaires, de l'évêque de Malte, du prieur de l'église, du trésorier, et du sénéchal, mais celui-ci n'avait que voix consultative; et même de ceux qui étaient Grand'Croix de Grâce quand ils se trouvaient à Malte. Pour former le conseil complet, on leur adjoignait les deux plus anciens chevaliers de chaque langue. Dans l'une et l'autre de ces assemblées, le Grand Maître avait l'initiative et deux voix; et dans le cas de partage des voix, la sienne faisait décision. Lui seul avait droit d'assembler le conseil et de proposer les sujets qui devaient s'y traiter. Outre ces conseils, il y avait le *secret* et le *criminel* auxquels le Grand Maître ou son lieutenant présidaient toujours. Il y avait encore un autre conseil appelé *la vénérable chambre du commun trésor*, présidé par le Grand Commandeur dont la charge était à la langue de Provence et qui était le premier dignitaire de la Religion.

Enfin, l'ordre se réunissait autrefois en chapitres généraux; et après diverses solennités et formalités, tous les *capitulans*, même le Grand Maître, s'engageaient à s'en rapporter à la décision de seize d'entre eux sur les matières proposées, d'accepter et ratifier tout ce qui aurait été décidé par ceux-ci, que les anciens statuts appellent les *seigneurs seize*. Cet usage était tombé en désuétude, car l'avant-dernier chapitre général fut tenu, en 1631, sous le Grand Maître Antoine de Paule, et depuis cette époque jusqu'au dernier, que convoqua en 1776 le Grand Maître de Rohan, cent quarante-cinq ans s'écoulèrent.

« Si j'étais roi de France, disait Dom Pinto, jamais je ne réunirais les états généraux ; si j'étais pape, je ne convoquerais pas de concile; chef de l'ordre de Saint-Jean, je ne veux pas de chapitres généraux; je sais que ces assemblées finissent toujours par porter atteinte aux droits de ceux qui en ont ordonné la réunion. »

Note 7, page 82. — *Proposition de traité fondé sur l'échange des esclaves.*

Voici la copie du traité qui fut présenté au Grand Visir par le marquis de Bonac, ambassadeur de France, de la part du Grand Maître Manoël de Vilhena.

1°. Que les esclaves seraient échangés réciproquement et que, s'il y en avait plus d'un côté que de l'autre, les surnuméraires seraient délivrés à raison de cent piastres par tête.

2°. Qu'on ne comprendrait dans cet échange que les esclaves faits sous le pavillon turc.

3°. Que la trève serait de vingt ans, et qu'après ce temps écoulé on pourrait en négocier une autre.

4°. Que les Barbaresques ou républiques d'Afrique ne seraient pas comprises dans ce traité, et que la Porte ne leur donnerait aucun secours, ni direct, ni indirect contre Malte.

5°. Que les Maltais auraient dans les états du Grand Seigneur les mêmes priviléges que les Français.

6°. Que ce traité serait nul dès qu'un prince chrétien aurait la guerre avec la Porte.

Des mécontentemens subalternes qui se déclarèrent à Constantinople, arrêtèrent la signature de ce traité.

Note 8, page 98. — *Les Granis qui venaient tomber autour de la Morisque.*

On comptait à Malte par *scudi* ou écus de 12 tarins, le tarin de 20 grains. L'écu de 48 sous de France se divisait en 24 carlini, 240 grains ou *granis*, ou 1440 piccioli.

Il valait exactement 2 schellings anglais.

Il y avait aussi des pièces d'or, à l'effigie du Grand Maître, de 10 écus ou 20 schellings.

Note 9, page 109. — *Des groupes qui s'en allaient au mail de la Florianne pour y prendre de l'exercice.*

Dans l'enceinte de la Florianne se trouvent deux vastes esplanades qui servaient aux exercices militaires ; entre les deux, se trouve un mail à deux allées séparées, planté d'arbustes et de fleurs, et orné de fontaines, et qui était primitivement disposé pour servir de jeu de paume. Sur le **mur** extérieur se lisait cette inscription :

> Otia quo pereant, pereantque cupidinis artes,
> Hæc vobis, equites, area parva datur :
> Ludite, vos alacres facit hic ad prœlia ludus
> Enervant vires alea, vina, Venus.

Et plus bas se trouvaient ces mots :

De mandato Emin. M. Magistri, FR. Jo. Pauli Lascaris Castellar fr. Hon. Leotardus ejus auditor.

Note 10, page 119. — *Plus d'un prince de Malte sentit des affinités sympathiques pour les faiblesses pontificales et népotiques de la cour de Rome.*

Au siége de Malte, quand on vint apprendre à Jean de La Valette que son neveu bien-aimé venait d'être tué dans une attaque, et comme on s'attendait aux marques de sa douleur. « Tous les chevaliers qui combattent pour la défense de l'Ordre, dit l'héroïque vieillard, me sont également chers, ils sont tous mes enfans. »

Différemment, le vieil André Doria, que nous citerons quoiqu'il ne fût pas de la Religion de Malte, dans cette nuit désastreuse qui vit périr devant Alger la flotte de Charles-Quint, apprenant que la Galère de son neveu, son cher Jeanetin Doria, était exposée à de grands périls, s'écria les larmes dans les yeux : il fallait que mon neveu fût exposé à cette disgrâce pour m'apprendre avant de mourir à pleurer sur mer.

Il y avait cependant cette différence, que La Valette était devant son neveu mort et que Doria pleurait pour son neveu qui fut sauvé : car plus tard on retrouve ce même Jeanetin Doria, lui qui n'avait pas encore de barbe, faisant prisonnier le redoutable Dragut, et ce vieux corsaire, outré de rage, s'écriant : Faut-il qu'à mon âge je me voie prisonnier d'un petit efféminé ? Les historiens du temps prétendent qu'il se servit d'un terme bien plus offensant, que la pudeur ne permet pas de rapporter, et que Jeanetin irrité d'une injure si atroce, lui donna quelques gourmades et le fit enchaîner.

Note 11, page 122. — *J'ai fait mes vœux définitifs.*

On était reçu chevalier de minorité à tout âge, même au berceau, et l'ancienneté comptait à partir de cette réception. Toutefois on n'était pas admis à faire les vœux religieux de chevalier profès avant sa vingtième année. Tous ne les faisaient pas à cet âge et beaucoup en reculaient le moment jusqu'à ce que leur tour d'ancienneté fût venu pour une commanderie.

On trouve dans les statuts une ordonnance du Grand Maître Claude de La Sangle, en ces termes :

« Qu'aucun frère, de quelque condition qu'il soit, ne pourra obtenir de commanderies de grâce, ni de chevissement, si après avoir pris l'habit et fait profession, il n'a résidé pendant cinq ans de suite ou par intervalles au couvent; et qu'il ne puisse avoir ni pensions, ni membres, s'il n'y a résidé pendant trois ans et payé le droit de passage. Aucun de nos frères ne sera pourvu de commanderies, de chevissemens, de grâce ou d'améliorissement, s'il n'est actuellement au couvent et s'il n'a l'ancienneté ou l'expectative. »

Puis au nom de Jean de La Valette se trouve cette autre ordonnance :

« Qu'aucun frère chevalier ou servant d'armes ne pourra obtenir des commanderies de grâce ou de chevissement, sans avoir fait trois caravanes complètes ou armemens sur les galères de la Religion. »

Enfin, quand un chevalier atteignait sa

cinquantième année sans avoir rempli les conditions prescrites, il devenait incapable d'obtenir une commanderie, dût-il satisfaire plus tard aux ordonnances.

Note 12, page 191. — *Le corps de Jean de La Valette fut porté dans la chapelle de Notre-Dame-de-la-Victoire.*

Jean de La Cassière ayant fait construire et consacrer l'église de Saint-Jean, y fit transporter dans le caveau sépulcral au-dessous de la chapelle de la Sainte-Croix, le corps de Jean de La Valette qui avait été inhumé dans la chapelle de Sainte-Marie-de-la-Victoire.

Note 13, page 191. — *Il n'était à l'extérieur décoré d'aucun ornement.*

Hyacinthe del Monté fut l'architecte du Palais Magistral, en 1572.

Note 14, page 196. — *La suite de ces portraits de Grands Maîtres.*

Le plus beau de ces portraits, celui d'Alof de Vignacourt, peint par Le Caravage, a été enlevé de Malte par les Français, et se trouve aujourd'hui au Musée du Louvre, dans la travée de l'École italienne.

Il a été gravé par Lermessin, mais cette gravure est d'assez médiocre exécution.

Note 15, page 205. — *Bailli d'Acre.*

Vertot, qui termine son histoire à l'année 1725, et qui mourut lui-même en 1733, ne pouvait prévoir qu'en 1741 Manuel Pinto, d'abord bailli d'Acre, deviendrait Grand Maître de l'Ordre de Saint-Jean.

Or, il mentionne dans ses annales, à l'époque du magistère de Grégoire Caraffa, et à la date de 1688, qu'à cette époque Fr. Dom Manuel Pinto de Fonséca fut fait bailli d'Acre. De là on pourrait croire que Dom Pinto était bailli d'Acre de la création de Grégoire Caraffa. Mais Pinto ne mourut qu'en 1772; or, depuis 1688 jusqu'à 1772, il y a 84 années. Pinto, qui mourut âgé de quatre-vingt-douze ans, aurait donc, daprès la date de Vertot, été créé bailli d'Acre, à l'âge de huit ans. Nous pensons qu'il y a erreur dans la date de cette promotion, car on ne pouvait devenir bailli qu'après avoir été commandeur, et nous venons de dire qu'elles étaient les formalités et les épreuves nécessaires pour obtenir ce rang. Il y avait des chevaliers au berceau ; il y avait même des commandeurs qui naissaient tels par suite de l'investiture d'une commanderie patronale (ou de *jus patronat*) établie dans leur famille ; il y avait même des Grands'Croix héréditaires, comme dans les familles d'Arpajon, du Puy Monbrun, de Noailles, de Vignacourt, de Ximénès, etc.; mais si Dom Pinto eût été Grand'Croix héréditaire, il n'eut donc pas fait partie des baillis ou Grands'Croix de la création de Grégoire Caraffa ; et s'il en a fait partie, il ne se peut non plus, d'après l'âge qu'il avait à sa mort, que ce soit à la date de 1688.

Note 16, page 208. — *Je pourrais parler à votre altesse des commanderies magistrales.*

Nous avons dit que les Grands Maîtres avaient seuls le droit de convoquer les conseils et d'y proposer le sujet des délibérations. — Par le moyen des brefs, ils pouvaient nommer à la grand'croix les chevaliers qu'ils savaient leur être dévoués; en cette nouvelle qualité, ceux-ci avaient entrée au conseil, et ils y apportaient souvent à leurs bienfaiteurs une majorité qui les rendait tout puissans. Les Grands Maîtres avaient plusieurs moyens de répandre des grâces sur les chevaliers de toutes les langues. Les statuts leur accordaient : 1° Dans chaque prieuré une commanderie magistrale, dont ils pouvaient disposer à leur gré; 2° Tous les cinq ans ils avaient aussi la nomination d'une commanderie d'ancienneté dans chaque prieuré; 3° Ils pouvaient mettre sur ces bénéfices des pensions en faveur d'autres chevaliers; 4° A chaque mutation de commanderie de grâce magistrale, ils en prélevaient une annate ou année de revenu; 5° Ils conféraient plusieurs places lucratives, soit dans l'île, soit dans leur palais; 6° Le Grand Maître, devenu souverain, eut un revenu assez considérable pour tenir son rang de prince et répandre des largesses.

Les revenus de la principauté consistaient dans les douanes qui formaient un produit de près de 100,000 écus maltais; dans les assises, les gabelles, les titres du domaine, fermes, salines, maisons, jardins, lots et rentes qui faisaient bien encore une autre somme de 100,000 écus ; dans les droits de l'amirauté à raison de dix pour cent sur toutes les prises, dans les amendes et confiscations, le tout pouvant valoir 300,000 écus.

Les revenus du magistère se composaient :

1° De six mille écus que le trésor fournissait tous les ans au Grand Maître pour sa table, et deux cents écus pour l'entretien de sa maison de plaisance, somme bien modique, eu égard à sa dignité, et qui fait voir quelle était la tempérance et la frugalité du temps où fut fait ce réglement.

2°. Le Grand Maître retirait une annate, ainsi que nous l'avons dit, de toutes les commanderies de grâce qu'il donnait tous les cinq ans dans chaque prieuré; il avait encore dans chacun des vingt-deux prieurés, la jouissance perpétuelle d'une commanderie appelée Chambre Magistrale, et lorsque le Grand Maître conférait une commanderie de grâce magistrale à un chevalier, il pouvait, outre l'annate qu'il en tirait, se réserver encore une pension.

Note 17, page 210. — *Emprunter tout ce qu'il vous plaira à la caisse de l'Universalité.*

Le conseil de la ville, appelé l'Université ou l'Universalité, avait pour président le sénéchal qui était un officier du Grand Maître. Les autres magistrats, *giurati*, étaient des Maltais, nommés par le Grand Maître. Indépendamment des fonctions municipales attribuées à l'Universalité, elle en exerçait d'autres de la plus grande importance. Avant l'établissement de l'Ordre à Malte, elle était chargée exclusivement d'acheter les blés pour la consommation de l'île. Cette partie de l'administration était connue sous le nom de *massa frumentaria* ; sous la domination de l'Ordre on lui conserva le même privilége.

La population augmentant et les richesses se multipliant, l'Universalité fut bientôt obligée de faire des approvisionnemens plus considérables, et par conséquent de plus grandes avances. Pour subvenir à ces dépenses elle eut recours aux emprunts. La facilité avec laquelle ils furent remplis produisit les meilleurs effets. Telle fut, en effet, la confiance des Maltais, qu'ils y placèrent avec empressement des fonds que jusqu'alors ils avaient portés à l'étranger. Par ce moyen, l'Universalité put former des magasins qui mettant le pays à l'abri d'une disette permettait aussi de tenir toujours le blé à un prix modéré. Le crédit de l'Universalité s'augmenta à ce point qu'elle trouvait, à trois pour cent d'intérêt, autant d'argent qu'elle voulait; tandis que les particuliers avaient de la peine à s'en procurer à six pour cent d'intérêt, taux fixé par la loi. Elle acquit insensiblement de grands fonds et ses richesses auraient pris des accroissemens continuels, si quelques-uns des Grands Maîtres n'avaient profité de leur influence pour abuser de son crédit auquel ils portèrent plus d'une atteinte.

Pinto ne s'arrêta pas à la caisse de l'Universalité. Ayant eu besoin d'argent dans les derniers temps de sa vie, il se fit apporter un capital considérable appartenant à la confrérie des ames du purgatoire. Les administrateurs lui représentant humblement que s'il prenait cet argent les ames en souffriraient :

— Je suis bien vieux, répondit-il gaîment, sous peu j'irai les rejoindre et je vous promets de m'arranger avec elles.

Ce fut là un des principaux prétextes de la *conspiration des prêtres* qui éclata sous le Grand Maître Ximénès, son successeur.

Note 18, page 215. — *Mon barreton de Grand Maître bien au-dessus du chapeau rouge.*

Claude de la Sangle fut le premier Grand Maître qui porta le bonnet de velours rond, nommé barreton; auparavant, les Grands Maîtres avaient la toque antique à trois pointes avec le repli semblable à celui des prêtres. Quand Villiers de l'Ile-Adam fit son entrée à la cité Notable, le bonnet qu'il portait était « un bonnet de velours à trois » pointes replié par le derrière en dessus, » à la façon ancienne qui fut en usage jus- » ques au Grand Maître La Valette. »

Note 19, page 217. *Le roi d'Angleterre qui vous nomme.*

Jean de Lastic fut appelé Grand, Pierre d'Aubusson et Hugues de Verdale, éminences, titre qu'ils transmirent à leurs successeurs : ceux-ci prenaient d'ailleurs les qualités d'illustrissimes et révérendissimes. Alof de Vignacourt fut reconnu altesse sérénissime par l'empereur d'Allemagne, et les sujets de Malte lui conservèrent toujours cette qualification ainsi qu'à ses successeurs; tandis qu'elle n'était pas donnée au Grand Maître par les chevaliers qui appelèrent jusqu'à Pinto leur chef Éminence et éminente Altesse, et depuis Pinto Altesse éminentissime.

Voici les titres que le Grand Maître dans les derniers temps prenait seulement dans les actes publics :

« Dei Gratia, domûs hospitalis sancti Joannis Hierosolymitani, et ordinis sancti Antonii Viennensis Magister humilis, pauperumque custos. »

Le roi de France mettait au-dessus des lettres qu'il écrivait au Grand Maître : A mon cousin le Grand Maître de l'Ordre de Saint-Jean de Jérusalem ; — et au dedans de la lettre : Mon cousin.

Le roi d'Angleterre mettait au-dessus de ses lettres : Eminentissimo principi domino fr..... magno ordinis Melitensis magistro, consanguineo et amico nostro carissimo.

Le pape n'écrivait jamais que par brefs, et mettait au-dessus : Dilecto filio magno Magistro hospitalis sancti Joannis Hierosolymitani.

L'empereur d'Allemagne mettait au-dessus de ses lettres : Reverendissimo et illustrissimo fr... sancti Joannis Hierosolymitani ordinis magno Magistro, principi devoto sincerè nobis dilecto.

Le roi d'Espagne : Al muy reveriendo y de Gran religion Maestro de los convientos y orden de San Juan de Jerusalem, muy caro y muy amado amigo.

Pour les autres souverains, ducs et princes, les expressions variaient depuis celles de l'amitié affectueuse dont se servaient les grands monarques, jusqu'à celles de la déférence respectueuse qu'employaient les petits princes.

Les archevêques et évêques mettaient au-dessus de leurs lettres : A son Éminence, à Malte. Au dedans : Monseigneur.

Les formules de réponse étaient minutieusement réglées, depuis celles qu'on employait à l'égard du roi de France et des autres souverains, jusqu'à celles dont le Grand Maître se servait pour répondre aux princes de familles royales ou régnantes, aux ambassadeurs, aux généraux de galère et d'armée, etc., etc., etc.

Quand il écrivait à ceux de l'Ordre, il mettait pour les Grands'Croix : A vénérable très cher et bien aimé religieux, le Grand Prieur ou bailly N. — Pour les commandeurs et chevaliers : A notre très cher et bien aimé religieux le commandeur ou chevalier N.

Sur les lettres que ceux-ci lui écrivaient en italien, l'adresse était : Alla sua Altezza Eminentissima il Gran Maestro fra.

N. Les actes passés dans le couvent portaient : Eminentiss. et reverendiss. signor Gran Maestro fra. N.

Note 20, page 219. — *Noble et souverain de Saint-Jean de Jérusalem.*

Foulques de Villaret, avant de tenter la conquête de Rhodes, s'en fit donner l'investiture par l'empereur Andronic Paléologue.

« Pour l'effect de cette conqueste le
» Grand Maistre de Villaret alla vers l'em-
» pereur de Constantinople qui lui en oc-
» troya l'investiture; de là vers le pape qui
» pour couvrir cette entreprise fit publier
» un jubilé et des indulgences plénières
» pour ceux qui feroient le voyage de la
» Terre Saincte ou qui fourniroient argent
» ou munitions; et donna Rhodes à la Re-
» ligion avec pouvoir d'y nommer un ar-
» chevêque à chaque fois que l'Église seroit
» vacante. »

(Baudoin, page 59.)

On voit ailleurs que Théodore Porphyrogenet, frère de l'empereur de Constantinople, vendit au Grand Maître Philibert de Naillac et à la Religion son despotat de Sparte et de Corinthe pour une grosse somme d'argent qui lui fut payée partie en deniers comptants, partie en bagues.

Enfin quand fut élu Grand Maître Roger de Pins de la langue de Provence, il acheta, à la sollicitation du pape, la principauté d'Achaïe, de Jacques de Savoie, prince de Piédmont, qui la voulait vendre.

Note 21, page 223. — *Aussi voit-on des Princes échanger leurs armoiries contre la croix blanche qui se montre en champ rouge sur le pavillon de l'Ordre.*

« Cela fut pratiqué par Raymond Berin-
» guier, comte de Barcelonne, prince de
» Cathalogne, lequel conquit les îles de
» Majorque et Minorque; et en l'an 1131,
» il prit et porta l'habit dudict Ordre tant
» qu'il vesquit, et voulut mourir dans sa
» maison de Barcelonne qu'il avoit donnée
» audit Ordre Sainct-Iean de Hierusalem,
» tant il estimoit et faisoit estat de la vertu
» et saincte profession de ce belliqueux et
» très généreux Ordre. »

« Avec pareil honneur, respect et dévo-
» tion, le roy d'Hongrie estant en Syrie,
» logea dans le palais des Hospitaliers à

» Ptolemaïde et voulut être reçu au nombre
» des chevaliers dudict Ordre et porta la
» croix et l'habit d'iceluy le reste de ses
» jours pour tesmoignage asseuré de l'affec-
» tion qu'il portoit à ceste tant honorable
» et si heureuse compagnie. »

(MALTHE SUPPLIANTE AUX PIEDS DU ROY.)

Enfin, quoi que le fait ait été contesté plus tard par les chevaliers de Saint-Jean qui ne voulaient pas avoir dû leur salut à un comte de Savoie et par les ducs de Savoie qui voulaient faire remonter leur devise et leurs armes, plus loin que le siége de Rhodes; il est constant, d'après le récit de l'historiographe Bosio et l'assertion de Naberat dans le sommaire des priviléges octroyés à l'Ordre, qu'Amédée le Grand, comte de Savoie, ayant délivré Rhodes assiégée par Ottoman, prit pour armes la croix d'argent en champ de gueules de la religion de Saint-Jean, au lieu des aigles qu'avaient ses prédécesseurs, et pour devise F. E. R. T.

Les armes du royaume de Sardaigne, Savoie et Piémont, sont bien encore aujourd'hui la croix d'argent en champ de gueules, et cette énigme qui leur sert de devise, F. E. R. T., s'explique par l'action d'Amédée le Grand : *Fortitudo Ejus Rhodum Tenuit.*

Note 22, page 251. — *Du côté des îles Lampedouze et Pantalérie.*

L'île Pantalérie a trente milles de circuit. Elle est à trente-six lieues de Malte vers l'ouest : cette île, à cette époque, contenait trois mille habitans tous bien aguerris, tous bons arbalétriers. Le prince de la Pantalérie, de la maison de Requezeno, la possédait comme un fief de la Sicile.

La Lampedouze environ à quarante lieues à l'ouest sud-ouest de Malte, longue de quatre lieues, n'était pas habitée. Elle appartenait à la famille Tomasi dont les aînés s'appelaient princes de Lampedouze. A cette époque la cour de Naples avait dessein d'y envoyer des habitans.

Note 23, page 293. — *Un lieu de retraite, de repos, et de fraîcheur.*

Dès l'année 1772 la plus grande des fontaines de ce jardin n'existait plus. Il paraît que le Grand Maître Lascaris et ses successeurs avaient coutume de se tenir dans ce pavillon ayant vue sur le port, aux heures de passage, et se divertissaient à y jouer aux cartes avec les chevaliers de leur cour, en même temps qu'on leur servait des sorbets et la collation.

Ce lieu, devenu comme tous les palais de l'Ordre, propriété du gouvernement anglais, est aujourd'hui habité par l'intendant de la quarantaine et des deux ports, M. Bonavia, de famille maltaise; et c'est à l'amitié de M. Joseph Bonavia, que nous avons dû la facilité, pendant notre séjour à Malte, de pouvoir le visiter en détail.

FIN DES NOTES DU PREMIER VOLUME.

Fontainebleau, imprim. de E. Jacquin.

ERRATA

DU

PREMIER VOLUME.

Page 109, ligne 3, il y en avait des groupes, *lisez :* il y en avait par groupes.
— 114, — 6, faillir, *lisez :* défaillir.
— 143, — 2, la pierre des rochers, *lisez :* la pierre du rocher.
— 165, — 16, dans la même étreinte, *lisez :* dans la même étreinte ?
— 186, — 4, cet île, *lisez :* cette île.
— 191, — 8, deux cent quatre-vingts, *lisez :* cent quatre-vingts.
— 211, — 6, ses empiétement, *lisez :* ses empiétemens.
— 216, — 12, le premeir, *lisez :* le premier.
— 234, — 16, sont fixés, *lisez :* seront fixés.
— 269, — 14, un société, *lisez :* une société.
— 333, — 7, était dédié, *lisez :* était dédiée.
— 344, — 18 et 20, parenthèses à remplacer par des guillemets.
— 359, — 20, gran-maître, *lisez :* grand-maître.
— 406, — 17, seroi, *lisez :* serait.

MÉMOIRES D'UN SANS-CULOTTE BAS-BRETON
par ÉMILE SOUVESTRE. — Seconde et dernière livraison. —

LA TACHE DE CAÏN, par L. NOTTÉ DE VAUPLEUX.

MAURICE, par ANDRÉ GIROD.

LA FORNARINA, par AMÉDÉE DE BAST.

EMMANUEL, par MICHEL MASSON.

UNE JEUNESSE ORAGEUSE, par JULES LECOMTE.

LE NOM DE FAMILLE, par AUGUSTE LUCHET,
Auteur de FRÈRE ET SŒUR et de THADÉUS LE RESSUSCITÉ.

LE FOYER DE L'OPÉRA,
Seconde Série. — 2 volumes in-8.
par F. SOULIÉ, CH. BALLARD, J. LECOMTE, MICHEL MASSON, AUGUSTE LUCHET, etc.

SCEAUX — IMPR. E. DÉPÉE.

Frédéric Soulié
CONFESSION GÉNÉRALE,
4 vol. in-8. — THÉATRE, tome 1ᵉʳ. — Les 5 vol. in-8. — 37 fr. 50 c.

UNE ATALASME AR
par ROGER DE BEAUVOIR, PAUL DE MUSSET, AMÉDÉE DE BAST, etc.
2 vol. in-8, grand papier. Prix : 15 fr.

www.ingramcontent.com/pod-product-compliance
Lightning Source LLC
Chambersburg PA
CBHW050916230426
43666CB00010B/2196